失 控
Tant pis

François Barcelo

［加］弗朗索瓦·巴瑟罗 / 著

肖林 / 译

▲ 海天出版社（中国·深圳）

图书在版编目（CIP）数据

失控 / (加) 弗朗索瓦·巴瑟罗(Francois Barcelo) 著；肖林译. — 深圳：海天出版社，2017.1
（枫译丛）
ISBN 978-7-5507-1776-3

Ⅰ.①失… Ⅱ.①弗… ②肖… Ⅲ.①长篇小说—加拿大—现代 Ⅳ.①I711.45

中国版本图书馆CIP数据核字(2016)第230173号

版权登记号　图字19-2016-011号

Tant pis
François Barcelo
Copyright © VLB éditeur, 2000, Montréal, Canada
All rights reserved
Current Chinese translation rights arranged through
Divas International, Paris
巴黎迪法国际版权代理 (www.divas-books.com)

Nous remercions le Conseil des arts du Canada de son soutien
pour cette traduction.

失控
SHIKONG

出 品 人　聂雄前
责任编辑　林凌珠　岑诗楠
责任校对　陈少扬
责任技编　蔡梅琴
封面设计　知行格致

出版发行　海天出版社
地　　址　深圳市彩田南路海天综合大厦（518033）
网　　址　www.htph.com.cn
订购电话　0755-83460293（批发）　83460397（邮购）
设计制作　深圳市龙瀚文化传播有限公司　33133493
印　　刷　深圳市美达印刷有限公司
开　　本　787mm×1092mm　1/32
印　　张　8.5
字　　数　108千
版　　次　2017年1月第1版
印　　次　2017年1月第1次
定　　价　35.00元

献给安德烈·拉夏佩尔，

因为她好像住在圣乌尔，

我希望这一题赠能让她高兴。

中文版序

我在黎塞留河上的圣安托万生活了15年，那是一个只有1500个居民的小村庄（在读这部小说之前，我建议大家最好先在自己的电脑或智能手机上查查相关的地图，以了解故事发生的地点）。

从1983年到1998年，我住在黎塞留河边的一栋房子里，它不可避免地会给我启发，让我至少要写一本小说。

《失控》的灵感就是这样来的：

很多年前的一天，人们告诉我，来往于黎塞留河两岸的渡船断了牵引钢缆，随着河流漂走了。当然，没有漂得太远，因为很快就在河边搁浅了。

于是，我想象有一条渡船，脱离了牵引的钢缆，又没有导向的舵，结果一直流到圣劳伦斯河，接着又继续往前漂。

我选择了来往于圣罗什和圣乌尔之间的渡船，因为来往于圣安托万和圣德尼之间的渡船不可能漂得太远，下游几公里处就有船闸，能把渡船拦住。

渡船"脱缰"，被流水带走（这也是现代魁北克的隐喻），这一奇特的险遇似乎也给了我同样多的启发。让这条渡船漂流得比在现实生活中更远，在这个过程中，我有机会让有人口居住的魁北克的一大部分成为小说的背景，因为80%的魁北克人都住在圣劳伦斯河沿岸的河谷里。

我承认，我写这本小说的时候事先没有提纲。写了前几章之后，我遇到了一些没有意想到的困难。漂走的渡船上的两个乘客话不多，我在想怎样才能把他们写到至少100页。这时，我想出了一个很有故事的人物。我希望，你们会跟我在创作时一样，发现这第三个人物很有趣。

我当时并不知道我的小说将跨越语言障碍和国界，可当我现在重读时，我发现它可以用来介绍当代魁北克，因为它反映了20世纪末魁北克的地理、政治、文学，甚至军事的现实。

而且，我是在1995年全民公决（当时魁北克差一点点就成为一个独立的国家）失败之后才想起写这本书的。大部分知识分子，首先是我，都希望赞成独立的人能够胜利。所以，在失败之后的几个月里，我们都陷入了所谓的"公决抑郁期"。

也许因我个人小小的情绪低落（幸亏时间不长）而产生的这本小说，其幽默往往很犀利。加上魁北克的选民一有机会（1998年），就赶紧重选了一个独立党政府。

我希望今天的中国读者在这部小说中找到的更多是乐趣；我也希望他们能跟我一样，感谢胡小跃先生让他们能够读到这本小说。

弗朗索瓦·巴瑟罗

2016年8月

目 录

一条河

（引子）

　　黎塞留河徒有其名，人们都用阳性名词称呼它，而从不用阴性名词。人们之所以这样叫它，是因为首相的性别，还是因为它确实宽阔得像一条大河①？不得而知，我们只知道它从南向北，从尚普兰湖一直流到圣劳伦斯河。可以从那里坐船经蒙特利尔到纽约，而不用从大西洋绕一大圈。长期以来，它是旅客和商人不可代替的水路。但自从有了铁路和汽车，它便成了休闲航行的河道。

---

① 在法语中，小河为阴性，大河为阳性。黎塞留（Armand Jean du Plessis de Richelieu, 1585~1642）为法国国王路易十三的首相及天主教枢机，波旁王朝第一任黎塞留公爵被誉为出色的政治家、外交家，与德国铁血宰相俾斯麦齐名。此名法语原意为"富饶之地"。

很少有河流像它这样在短短几百年间换了那么多名字。法国人到来时，它被叫做易洛魁河，因为它是一条天然的界线：西边是易洛魁人的领土，东边是阿贝纳基的领土。[①]

1642年，法国人在河流的支流和干流汇合处建立了一个要塞，取名为"黎塞留要塞"，纪念在那一年去世的黎塞留红衣主教。所以，这条河也被叫做黎塞留河。

后来，一场大火烧了要塞（是易洛魁人干的。没征得他们的同意，就擅自改变他们的河流的名字，这也许惹火了他们），于是这条河又重新叫做易洛魁河。

但好景不长，从1660年起，法国人开始沿河修建一系列小型防御工事，还是为了阻止易洛魁人，其中一个小堡垒叫做圣乌尔要塞，于是这条河又被叫做圣乌尔河。

它本来也许会一直这样叫下去，但1672年，一个叫雅克·德·尚布里的法国军官在圣乌尔要

---

① 易洛魁人和阿贝纳基人均为北美洲印第安土著。

塞附近获得了一块封地。结果，这条河和这个要塞又以尚布利的名字来命名。与此同时，在圣劳伦斯河河口，另一名法国军官也获得了一块封地，于是，两地之间的这段河流就叫做索雷尔河，有20来公里。从圣让（距圣乌尔40公里）到尚普兰湖的那一段，人们喜欢把它叫做圣让河或尚普兰河。

最后，到了19世纪中期，"黎塞留河"这个名字才固定了下来。可又过了一百多年，加拿大地理委员会才同意将它作为这条河的正式名称。

黎塞留河下游有三家私营的小渡轮公司，这些渡轮来往于圣乌尔、圣罗什、圣德尼、圣安托万、圣夏尔和圣马克（所有这些村庄的名字都有同样的形容词——"黎塞留河上的"，除了圣乌尔，它根本没有这个形容词；圣罗什则有所变化，叫做黎塞留的圣罗什，因为它属于黎塞留伯爵领地）之间。人们把这些摆渡的船叫做渡轮，老一辈人喜欢把它叫做渡船，而摆渡人几乎都是男性。

所谓的渡船，是一个金属平台，架在两个浮筒上，两头各有一块板，放下来可以让汽车上船（最多可以运六辆汽车，如果全都是小汽车，则可以运八辆）。渡船的后侧，有一个悬伸的船舱，差不多有整条船的三分之一长，坐着驾驶员，驱动涡轮的柴油发动机也在里面。黎塞留河的渡船由一根装着滑轮的钢缆导向，钢缆横跨河流，这样渡船就不会偏航了。当然，除非钢缆断了，但这种情况很少发生。

渡船一早就开始工作，直到夜深，周末营运的时间就更长，但它没有固定的时刻表，因为一有车来到岸边，或者摆渡人看到对岸有人在等渡船，他们就会去接。

冬天，当水面开始"变厚"，也就是说，河面开始冰冻的时候，渡船就停止服务了。几天后，河面就覆盖了一层冰。当冰厚得可以站一个人时，人们就在冰上凿一个洞，把水抽到河面，这样，冰层会结得更快，因为更多的水遇到了空气。很快，就可以开车过河了，"冰桥"上插着小木桩当标志，一直延伸到远方。

可惜，这样的"冰桥"只剩下一座了。圣罗什和圣马克的河段已经没有"冰桥"，因为河两岸的村政府都不愿支付维修费和保险费。保险是少不了的，万一车辆过"冰桥"时出事呢？

如果这本书要向谁致敬，那就是圣安托万和圣德尼的村民们。他们每年冬天仍继续让黎塞留河谷的最后一座"冰桥"保持通畅。

一艘渡船

奔驰轿车在圣乌尔轮渡的坡道中间停住了。倒霉，没有渡船。

不过，离得不远。而且，汽车驾驶员发现，渡船还在动。他还担心午夜之后渡船不开了呢！河中间，渡船的两端各有一个白色的灯泡，随着微小的波浪摇晃着，显示了渡船的方位。

现在只有一个问题：它会来圣乌尔这边呢，还是去另一边？观察了好一阵之后，马丹·盖尔丹发现渡船是朝他这边来的。河水冲击着它，但它有钢缆拉住。起初，它朝右边漂去，但已经越过河中间，开始慢慢地往左边漂。

尽管如此，马丹还是闪了闪车灯，与其说表示着急，不如说是表示自己的存在。渡船肯定没有加速器，否则怎么开得这么慢。

马丹以前只坐过一次渡船，那是在11月初，傍晚时分，而且是反方向，即从圣罗什到圣乌尔。开渡船的人——总不能把开动机器、到了对岸就停下来的人也叫做船长吧——让他生了一肚子闷气。

渡船已经离开岸边好几秒了，这时，圣罗什的斜坡上下来一辆小卡车，司机长按喇叭，想引起人们的注意。让马丹大吃一惊的是，渡船竟然停了下来，然后开始倒船，去接迟到的那辆卡车。"真像是在第三世界国家！"他叹了一口气。再落后、再不专业的轮渡服务至少也要遵守规则啊！船一旦开了，那就开了，不能再回头。假如乘客到机场晚了，而飞机上还有空位，飞机也得回头，那谁还会坐飞机啊？这是明摆着的事。

渡船靠岸了。时间已经不早，马丹没有关掉"奔驰"的发动机，想让车里的空调继续运转。他喜欢这样，甚至天冷的时候也如此。不管周围是多少度，这辆奔驰轿车的空调始终保持理想的温度：21摄氏度。不高，不低。

渡船上没有乘客，也没有车辆。船工（是的，为什么不能叫他船工呢？如果他是公务员，可能就叫服务工。没有任何东西证明他不是公务员）推动手柄，放下船前的跳板，形成一条坡道，就像是中世纪城堡的吊桥。它在这条有点中世纪色彩的小船上起着类似的作用。

马丹用脚尖松掉刹车，挂上空挡，"奔驰"自动往前滑去，差点轧到一个几乎看不见的骑车人。此人不知什么时候冒失地溜到了车子的右边。

"笨蛋！"马丹心想。他怀疑自己比法律允许的范围多喝了一点。现在不是时候，千万不能轧到骑车人，尽管那个人的自行车既没有灯也没有《道路法》要求的折射反光镜。其实，没有一个汽车司机读过《道路法》，更没有人遵守。万一出事，该由谁来负责呢？汽车司机。尤其是当他酒精超标的时候。而骑车人——往往都已经被撞死，活着的非常罕见——从来不会被送去酒精检测。难怪，发生车祸后逃逸的人越来越多。

撞了骑车人的汽车司机，如果不是愚蠢到极点，只须逃离事故现场，把汽车扔到什么地方，回到家里，报警说他的汽车刚刚被偷，然后不慌不忙地在家里喝一杯——独自喝，或者跟太太一起喝——如果他有太太，而太太又怕丈夫被送进监狱，从而失去家庭的经济支柱的话。警察对此将毫无办法，除非有人在犯罪现场，不，事故现场，看清了汽车司机，而不只是看清车辆。

马丹踩住刹车。他觉得车子已够往前的了，因为已经到了渡船的正中。可是，船工——或者说是看守发动机的人，叫他发动机看守者恰如其分，因为他的任务就是看守发动机，没别的——消失了，总之，不在那儿，不像那天傍晚那样示意他再往前开一点。

马丹扫了一眼倒视镜，因为发动机看守者完全可能在指挥另一辆车。然而，事实并非如此：根本没别的汽车，或者说看不见别的车灯。渡船上只有他这辆"奔驰"。

嗨！他往后看的时候，一定是不由自主地松

了一下刹车，因为他听见有玻璃破碎的声音，好像来自右侧的前方，"奔驰"碰到了什么东西。妈的！那辆该死的自行车的车把或者是踏板碰到了车灯。

骑车人就在那里，站在他的自行车旁边，另一边的车灯照亮了他。

"没事的。"马丹按了一下按钮，降下车窗玻璃，心想。

但他很快就意识到，有没有事，该由那个正在察看损坏情况的人来判断。总之，在这种情况下，首先要大事化小，小事化了。是的，完全是这样，是件小事，而不是一个事故。要花一切代价避免报警。不管怎么说，在这个时候，如果有人受伤，尤其是有人死亡，多人死亡，警察才会赶来。如果自行车坏了，马丹可以赔他一辆新的。或者赔他一辆二手车，如果骑车人同意的话。再多是不可能的，除非对方很强悍。

马丹松开安全带，打开车门，从座位上下来，他也想检查一下。自行车好像一点都没损坏。这是一辆旧车，很可能不是变速车，20世纪50年代的玩意儿。只是，"奔驰"成了独眼龙。右边车灯的灯罩碎了，灯泡可能也破了，因为不亮了。

这很麻烦。马丹还要开上50来公里才能回到蒙特利尔。要是碰到一个认真的警察，就会发现车灯坏了，把他带走，因为他驾驶功能缺失、有安全隐患的车辆。

他回到车上。发动机还在转，他熄了火，关了两盏车灯。不，一盏。他别无选择，只能少一个车灯回家。开得慢点就是了。

也许，右边只是近光灯坏了。于是，他按了一下车灯按钮，果然，灯亮了。除非路上遇到警察，车灯晃得他们不高兴了……

"你怎么不现在就戳破我的脸呢？"

马丹一门心思放在坏掉的车灯上，没有在意隐约从身后传来的争吵声，吵得挺厉害的。其中有个人越说越大声，语气十分悲怆，让他不禁从座位上扭过头去。

岸边的高坡上，离渡船几步远的地方，有两个人在争夺什么东西。好像是一件工具，似乎是一把大剪刀。

其中有个人——是刚才说话的那个还是另外一个？鬼知道——退后一步，挥舞着那个工具（是的，确实是一把剪刀）。

"如果您乐意的话……"他嘲笑道。

他猛地举起剪刀，朝对方打去。对方身体摇晃了一下，但没有倒下。

马丹很纳闷，那个骑车人为什么不去劝架？他自己呢，他自己为什么不去劝？因为他是蒙特利尔人，这不关他的事。而骑车人是当地人，因为在11月这个寒冷的月份，谁也不会在半夜里骑车出来散步，离家好几公里。那人一定熟悉两岸的情况，可是，却毫无反应。

拿剪刀的人又用工具打了对方三下，然后退了一步。最后一下打在对方的肩膀上，对方这才倒地。

"这才是你希望的吧？"拿剪刀的人说。

　　他像是酒喝多了，口齿不清，走起路来也有点跌跌撞撞。他向前几步，也倒在了地上。不，他只是弯腰而已，最多是一个膝盖跪在了地上。他重新站了起来。他想干什么？好像在弄剪刀。他不会剪下战败者的一块肉吧？绝对不会，可他剪断了引导渡船方向的那条钢缆。马丹一直没有注意那条钢缆及其成分，但他觉得只能是钢制品之类的东西。钢缆的一头断了，离开了岸边，发出越来越响的尖啸，紧接着，只听见"扑通"一声，响彻四周。"奔驰"的司机明白，这条钢缆，或是构成这一缆绳的其他材料，刚刚滑出滑轮、滑槽或者天知道什么东西，掉到水里去了。

　　于是，渡船开始移动了。并不完全朝着河心，而是朝着下游，河水正奔流而下。

　　马丹第一反应是想发动起他的"奔驰"，不失时机地朝岸边冲去。可是行不通。首先，必须倒车。谁都知道，倒车肯定没有前进开得快，"奔驰"也不例外。而且，岸边已经离得很远。马丹朝那个拿剪刀的人看了一眼，想求他做什

　　么。但那个人正朝被他杀死——至少是被他所伤的人弯下腰去。他才不关心渡船呢！

　　这时，渡船开始颠簸。船头——至少可以说是朝着河心的部位，慢慢地转向了下游。是的，确实转向了下游，马丹记得很清楚。上游，是逆水而行的方向；顺流而下的方向，只能是下游。但船头也不是没有可能转向岸边。

　　可他很快就失望了。首先，必须承认，这条船并没有船头。或者说，有两个船头，看你往哪个方向去，因为它去对岸的时候从来不掉头。而且，船头（为什么不能叫为船头呢？既然船的这一端朝着他的目的地——圣罗什）只转四分之一圈，船身与岸边保持平行，只比刚才离岸稍远一点。

　　马丹一脸苦相。是否应该游到岸边去，趁现在还来得及？不行，在这么冰凉的河水中——现在已经是11月几日了？他伸出手臂，挽起衣袖，借着渡船的灯光，看了一眼他的劳力士表：11月26日，1点28分。

一点半？他忘了已经这么晚了。他要去圣乌尔的公证师那儿与卖家和买家开个会，然后和女卖家到附近的酒吧喝上一两杯，以示庆祝——女卖家得到了一张51.8万加元的支票；他则得到了房地产中介的佣金——6%，因为是他找到卖家和买家的。佣金有多少呢？他在公证处趁别人不注意时曾偷偷扫了一眼计算器上的数字，但他已经忘了。他只知道，支票存了之后，扣除借款，他的银行账户将只剩下7000多加元，但至少他透支的利息省掉很多。目前来说是这样。

现在不是计算佣金的时候。渡船继续向河心滑去。幸亏船的两端还有灯光，救援人员可以很快找到它。而且，发动机还在转，这就更让人放心了。要靠岸并不是太难，尤其是要到圣罗什那一边，但要漂到圣乌尔那边问题也不太大，他可以在贝勒伊过桥去蒙特利尔。如果他早知道这艘该死的渡船会给他造成这么大的麻烦，他早就上桥了。

但马丹突然想起来，他并不是这条遇险的船

上（遇险，不完全，但也差不多）唯一的乘客。那个该死的骑车人现在去哪儿了？及时弃船而逃了？

没有——他一直在船上，靠着栏杆。问他就可以了。

"你知不知道这种船怎么开？"

"40年来，我每个星期都坐船。"骑车人回答说。

马丹最讨厌不直接回答问题的人，尤其是那些要卖房子的人。之所以问卖方，是因为买方想知道，但又不敢亲自去问，而付佣金给经纪人就是让他干这个的。"管道的情况都好吗？"卖方却回答说："您知道，浴室的地板砖花式独一无二。"除此之外，政客的外交辞令是答非所问的典型，妇女也同样，但比不上政客。他是这样认为的。

他想发火，但不是时候，看来他要跟这家伙待在一起很长时间，最好还是保持基本的礼貌。于是，他又问了一遍同样的问题，但换了新的问法：

"这么说，您不知道这船怎么开？"

"系上钢缆，可现在没有了。"

马丹没有问他船怎么开，而是问他是否知道船是怎么开的。他差点要对这个老疯子发火。由于天太黑，他看不清楚对方，起初还以为是个年轻人，因为骑车嘛！但听声音，好像是个老头。说不定这家伙多次被扣驾驶证，只好骑车出来。马丹悲壮地努力了一把，想让自己变得温和一些，彬彬有礼地问：

"怎么才能拐到岸边去？"

"我想船上没有舵。"

尽管骑车人并没有真正回答他的问题，这位房地产商还是没有抱怨，因为有别的事情更让他担心。没有舵和钢缆，显然就回不到岸边。船将继续这样顺流而下。这种情况会持续很长时间吗？

"我在想，我们会一直漂到哪里？"他大声地问自己，因为他怀疑，如果问骑车人，是否能得到答案。

"有时，渡船漂不了多远就搁浅了。"

终于得到了一个真正的回答，而且这话让人听了感到安慰。不过，马丹很快就沮丧了。如果渡船在什么地方搁浅，甚至漂不了多远，骑车人骑着自行车走了，他却不可能把奔驰轿车弄上岸。必须来一艘船，把渡船和汽车一起拖回圣乌尔或圣罗什。这需要几个小时。也许还要等到天亮。幸亏今天是星期四，而不是星期天，星期天休息，施救服务停止，没人来拖拉漂走的渡船，或者会姗姗来迟。

"六五年，"骑车人又说，"不，我想是七〇年。不，六五年……"

马丹才不关心是六五年还是七〇年呢，正如他刚才不关心对方是40岁还是多少岁。他决定不理睬那个还在啰唆的同伴，但仔细一想，还是让他再说一遍吧，天知道会出什么事呢！

"对不起，我刚才在想其他事情。"

"六五年，船曾漂到圣劳伦斯河里。"老人

热心地重复道。

漂到圣劳伦斯河里！漂到那条大河要多少时间？马丹久久地问自己，但最后，他不得不承认自己毫无概念，哪怕是个模糊的概念。因为他既不知道河水的流速，也不知道到圣劳伦斯河有多长距离。

"远吗，到圣劳伦斯河？"

"要经过索雷尔。"

马丹真想把这个难友扔到河里，但转念一想，留下他可能还有点用。这位房地产经纪在改行之前曾是文学教授，但这两种职业都没有给他在这样的情况下所需的实用知识。一个坐了四十多年渡船的人对这种船肯定知道得比他多。

"我们该怎么办？"他问，尽量缓和语气，不想流露出自己的焦虑，尤其是越来越让人不安的担忧。

老头离开栏杆，走进舱内，马达的隆隆声停住了。

马丹正想反对，但马上就明白过来：没有

舵，马达又有什么用？

"现在该怎么办？"

骑车人这次又没有回答他的问题。这可能是他第一次回答得这么好、这么清楚，因为没有任何办法——就连这个改行当房地产经纪的文学教授也不得不承认。只能等。马丹足足等了两分钟，才突然大叫起来：

"我不是有手机吗！"

他从驼毛大衣的口袋里掏出小手机，打开，相信肯定会让那个老家伙大吃一惊，但他的旅伴没有表现出任何吃惊和羡慕的表情。算了吧！该明白的他自会明白，这手机虽然小，但在紧急情况下能派上大用场。

"首先打电话给我太太，"马丹解释说，"我曾对她说过午夜之前能回家的。"

他按了一个键，然后又按了一个键，把手机放在耳边。对方的电话响了三下，然后语音留言功能启动了。马丹的声音在回答马丹："这是马丹和丽丝的家。请留言。"

他留下的录音，语言非常简洁，他对此感到很骄傲，这对按时间收费的手机来电尤为合适。

"丽丝，是我。我在圣乌尔的渡船上，钢缆断了，我会晚点回家。别等我。"

然后，他便挂断了手机。

但他很快就明白过来，自己做了好几件蠢事：首先，他太太不能给他以任何形式的帮助。他应该打电话给水上警卫队，或者报警。总之，不应该打电话给他太太。其次，结婚三年来，在他因晚归而用过的所有借口中，这是最可疑的。他并不经常晚归，而且往往很老实。当然，今天这事可以核实，在第二天的电视新闻上或者是星期五的报纸上，如果电子新闻觉得这一社会新闻不怎么有意思的话。但在这之前，丽丝会以为他在欺骗她，有一次确实不是这么回事。不管怎么说，这个点，丽丝怎么会不在家呢？他想起来，他的语音信箱系统有时会仅因电话占线而播放事先录好的语音。所以，丽丝可能并没有出门。可在这个点上，她会跟谁打电话呢？

他又打开手机，没注意红色的指示灯开始一闪一闪了。他重新按了一个键，自动接通了家里的电话。

"这是马丹家的电话……"

他挂断了电话。总之，这不重要。最要紧的，是打电话给当局，他们或许已经得知渡船失踪的消息；问问他们将在什么时间、什么地点、以什么方式把他们拖到岸边。如果要马上取走"奔驰"太麻烦，他可以打车去蒙特利尔。保险公司应该支付出租车费和拖车费。买保险的时候他选择了"附加保险"这一项，有许多优惠，他忘了都有什么具体内容了，但肯定包括这两项。

突然，渡船上的灯熄灭了：角落里的两盏灯和船舱里没有灯罩的灯泡都不亮了。

"电池问题，"老头说，"应该是没电了。"

马丹懂得旧电池如果不及时用充电马达充电，可能很快就会没电。而如果没有灯，救援人员会难以找到他们。

这时，他想出一个办法。一个慷慨大方的主意，这对他来说是不多见的。

"可以用'奔驰'的电池来取代它。"他建议道。

但话一出口，他就为自己的建议后悔了。把"奔驰"的电池用在这样的船上，确实有点没理由。幸亏，老头想了一会儿之后，做出决定：

"我看看能不能重新发动马达。"

他回到船舱，马达又转起来。

灯闪烁了一下，然后彻底亮了。马丹感到很奇怪：如果电池没电了，马达怎么能发动起来呢？也许有个特殊装置，在哪个笨蛋忘了关灯的情况下，可以防止电池完全放电。他的"奔驰"就有这种装置，往往很有用，因为他经常忘记关车灯。

老头站在一张凳子上，拧下船舱里的照明灯泡，然后又走出来，爬到栏杆上，伸长手臂，拧下示意渡船方位的两个灯泡中的一个。这并不是没有理由：一盏灯就够了，三个灯泡要耗费三倍的电。

"谢谢。"马丹嘀咕道，他越来越觉得这个伙伴有用。

不一会儿，那人回到船舱，关掉了发动机。

"已经转过来了。"他说了这么一句，作为解释。

马丹想了一会儿，明白了：老人之所以发动马达，是因为船有一阵子似乎要朝河中心漂去，然后，不知道什么原因，船横了过来，船头朝着下游，如果开动马达倒船，船就刚好定住；如果往前开，船下行的速度会更快，万一碰到障碍，撞起来将相当猛烈，还不如随波逐流。

不问而明，马丹感到很得意，况且问了也不一定有回答。马丹又打开手机，终于发现红灯在闪，马上意识到红灯的上面写着"电量低"几个字。手机电池快没电了，他又没有带充电器。充电器在"奔驰"的工具箱里放了半年，却从来没用过，因为他总是有机会在家里充电。而作为

24

一个房地产经纪，他的工具箱里总是塞满各种比手机充电器更有用的东西，而这充电器他又从来没有用过，于是，他最后把它放在了书桌的抽屉里。

电池快用完了。最后的机会了，一定要打对电话。他想了一下：水上警卫队？

是的，如果黎塞留河是联邦的河流，那就应该打电话给水上警卫队。马丹知道这一点，因为一个房地产经纪不得不知道很多事情，尽管这些事情并不一定跟他的工作有直接的关系。他知道黎塞留河是一条可以航运的河流，所以属于联邦；只有非航运河流才归各省管理。但加拿大联邦的水上警卫队在一年当中的这个时候还巡逻吗？很难说。观光休闲船早就停运了，只剩下分散在沿河各地的渡船。渡船有什么必要求助水上警卫队呢？没有，只要它的钢缆牢牢的。

魁北克①保安队呢？他犹豫不决，不知道是不是要把自己的命运交给那些自己通过纳税和缴

---

① 加拿大省名。

纳罚款慷慨养活的人。如果请求他们的帮助，费用将非常昂贵。如果不马上付款，就要缴纳追加的费用。况且，他不知道《道路法》是否允许他把车停在渡船上，因为他当时处于酒醉状态，尽管他觉得酒劲很快就过去了。讨厌的是，其结果总是让他酒喝得越来越少。再说，也不知道魁北克保安队在一艘航行在联邦水域中的渡船上是否有裁判权。

去他的魁北克保安队吧！还有比它好一千倍的救援机构：消防队。

坐落在河边的乡村不可能没有一个水上救援机构之类的组织。在村庄和小城镇里，白天黑夜随时准备救助寡妇、孤儿或溺水者的，是义务消防员。为什么？这一点，马丹也知道：因为他们是按工作时间领薪，而不像大城市的消防员那样待在消防站里什么事都不干也能拿钱。如果他们救不了他，他们会打电话给水上警卫队，或者，他叹了一口气，打电话给魁北克保安队，如果是后者负责黎塞留河的水上事故的话。

总之，应该打电话给最近村庄的消防队。圣乌尔还是圣罗什？他看了看两岸，觉得离对岸稍微近一点儿，而且，那是他的目的地。假如人们把他拖到那里而不是出发地，那就更好。给圣罗什打电话。

他在手机上拨了"*411"。

"要哪个城市？"是电话录音。

"圣罗什。"

"梅基纳克的圣罗什，拉希冈的圣罗什①，还是黎塞留的圣罗什？"这时，一个真正的女人的声音不安地问道。

"嗯……我想是黎塞留的吧！是的，是黎塞留的，黎塞留的圣罗什。请问那里消防队的电话号码。"

"我可以给您，但您也可以拨打911。"

沉默了一会儿，接线员在寻找号码呢！其实，沉默的时间不算长，但不可饶恕。马丹看了看手机：电池的灯已经不闪了。这并不是说电池

———————————

① 梅基纳克和拉希冈均为加拿大地名。

27

有电了，而是意味着彻底没电了。

"我应该拨911的。"马丹大声地说。

他按了"电源"键，没有出现通常会显示的信号灯。他拨了十次911，没有结果。电话失灵了。他真想把它扔到水里去，但最后还是放回了大衣口袋里。

"不行了？"

马丹觉得那个骑车老头的声音里有点讽刺的意味。

"电池问题，让它休息一会儿就会好的。"

但他心里一点都没谱，不过说得这么肯定，让他觉得好受点。接着，他又补充道：

"总之，他们一定很快就来找我们的。"

这也让他能感到一丝安慰。但如果老头点点头而不是在牙缝间"嘁嘁"几下，他会感到更加踏实。只要老头不再说："六五年……"

他没有再说，但马丹也没有因此而更加感谢他。

马丹靠着栏杆，盯着水面，好像那里会冒

出一艘潜水艇或是一个尼斯湖水怪，而实际上，他是想找话说。想为自己在实际生活中各方面都近乎白痴找理由，先从手机的使用开始。他找到了，尽管这理由并不充分：

"我当过文学教师，大学预科。"

老人没有反应。也不能说没有，他朝河里长长地吐了一口飞沫，好像他嚼烟似的。

嗨，这一举动让马丹想起自己已经很久没有抽烟了。他摸索着大衣口袋，寻找香烟，其实他知道没有，因为他记得，离开圣乌尔的酒吧时，他在一家小卖部前停了一下，想买包烟，但小卖部关门了。

算了。况且，现在飞机上禁止吸烟，渡船上也有可能不让抽。

一本书

马丹·盖尔丹从来就那么懒，还引以为荣。他不怎么努力，生活中却很成功，这不证明他聪明吗？当然，除了他自己，谁都不认为他智力超群，但这只能增加他的信心。一个真正的天才是很少能被那些庸才所承认的。

他最有本领的地方（在这方面也同样，除了他，谁都不这么认为），是他只好好读过一本书（反复地读，但永远是同一本书），就当上了文学教授。

事情得从他在大学读硕士的时候讲起，他要选论文题目。那些最雄心勃勃的同学，大胆地选择了被人研究过千百遍的《追忆逝水年华》，或者是同样被人多次研究过的雅克·费隆的作品。谦虚一点的，比如说有个同学声称要选于贝尔·阿甘。①

　　马丹的决定让所有的人都大吃一惊，他选择了加斯东·米隆。他首先被这个诗人的名字给吸引了，姓和名竟然押韵！跟他自己的姓名一样。而且，他们的姓名缩写也相同，只是前后换了顺序而已。②

　　当时，这种选择之所以显得大胆，不仅是因为《被捡者》的作者当时并未达到荣誉的高峰，也因为诗人还活着。教授们都不鼓励学生选择健在的作者，万一作者突然写一本与论文的结论相矛盾的书，那该怎么办？或者更糟，假如他们不惜贬低身份去电视台做节目去了呢？

---

① 《追忆逝水年华》是法国作家马塞尔·普鲁斯特（1871~1922）的作品，共七大卷，数百万字，以晦涩难懂著称；雅克·费隆（1921~1985）是加拿大小说家、戏剧家、医生和记者，其作品繁多，且掺杂着政治、医学和新闻等内容，代表作为《不确定国家的故事》；于贝尔·阿甘，加拿大作家、电影工作者和学者，也以作品众多而出名。
② 加斯东·米隆（1928~1996），加拿大著名法语诗人，被认为是魁北克省"国民的骄傲"，其姓名缩写为G.M.，马丹·盖尔丹则为M.G.。

不过，加斯东·米隆的情况不同，他多年没有动笔了。应该说，他复出或者上电视的可能性应该是很小很小的了。

而且，在马丹看来，加斯东·米隆还有一个难得的好处，就是他所有的作品都收在一本薄薄的《被捡者》中。那本小书，大家都交口称赞，但几乎没有人真正读过。

指导老师也觉得马丹的选择很明智：关于加斯东·米隆的研究很少，而且，他本人也有点懒，别的指导老师要看大量的书，而他读一本就够了。

于是，马丹很快就拿出了一个论文提纲《隆米·东斯加：〈者捡被〉反向阅读》，指出，那本书，如果从尾读到头，会得出完全不同的结论。所以，那本书应该从《请被我抄袭过的诗人原谅》开始读，直到《我到了起点》。他的指导老师不得不承认，这样倒过来有意义得多，也更独特。

不过，这个学生干活还是很卖力的，他把

《被捡者》读了两遍，一遍从头到尾，一遍从尾到头。

一天，马丹在蒙特利尔的大街上溜达时，突然遇到了加斯东·米隆，觉得这个诗人就像是银行的一个小职员，于是大胆地走过去，说自己正在写关于他的论文。加斯东·米隆对此什么反应都没有，倒是跟他大谈时政，说忘了是省长还是总理今天在报纸上发表了什么言论。他无言以对，只好假装专心听讲的样子，不住点头，尽管他一点都听不懂诗人在讲什么，正如他读不懂诗人在诗中写什么一样。

几个月后，他给诗人寄去了一份论文的复印件，诗人一字未评。他将此当作是默许。

论文得了个"优"，他顺利拿到了文凭，并很快就在蒙特利尔的一家公立预科大学找到了工作。他在那里教了二十年的魁北克文学。

他的学生很多，大家都选他的课，因为只需读1458行诗。连最懒的学生都被他吸引过来了。马丹认为《教学法》不应该被当作是米隆完整的或者是重要的诗歌著作。

最懒的学生往往也是最聪明的学生，他心想，自己就是一个例子。

他在学校里教了几年书后，同事和领导都觉得他应该改变教学内容了。他坚决反对，说米隆是个文学巨匠，伟大的诗人，其作品可以有千百种读法。他只同意每年更换"魁北克文学"的副标题，并特别注意不提及诗人的名字："在魁北克诗中探索无限""魁北克诗歌中的民族与地区""文学中爱的赞歌和失望的呻吟""1458行歌颂爱情的诗"等。学生们趋之若鹜，因为每年大家都在传，那一千多行诗甚至都用不着全读，因为老师给分很随意（他只匆匆浏览，觉得那些论文全都写得很糟。他懒得花时间来区别好坏），结果，那些懒学生是一举两得：既不用花什么力气，又可以跟别的同学一样顺利通过论文。

他的一些同事开始发牢骚了，妒忌这个不怎么花力气却变得赫赫有名的竞争者，但更多的人是在模仿他。老师和学生都在偷懒，这种趋势像传染病一样有蔓延的趋势，几个不怎么多产的作家很快成了该校及附近学校学生的首选。结果，阿贝尔·拉贝尔热①在去世二十年后突然受到了追捧；而在法国作家方面，拉迪盖去世七十年后也得到了同样的待遇。这一切都由于马丹在压力空前，要他更改教学内容的时候，依然忠于他所喜爱的那个作家。而且，越来越多的文学杂志（其中包括一本法国杂志，《多数文学》，1988年）发表他关于以让人意想不到次序（不仅从头到尾，而且根据每首诗题目的第一个字母的顺序。对于懂得从中间阅读的人来说，这更有启示意义）阅读米隆的新论文。

当教育部宣布要改革文学教学时，马丹突然觉得天都要塌了。从此，他要讲授魁北克和法国的文学流派了。

他花了很长时间，想在法国作家里面寻找

———————————

① 阿贝尔·拉贝尔热（1871~1960），加拿大法语作家，写过数个中篇小说，但只发表过一部长篇小说。

一个只写过一本书的作家。他一度被阿韦尔①的十四行诗所吸引，但后来又觉得没意思。总之，多的又太多，少的又太少。最后，他想让同事把拉迪盖②让给他，但遭到了拒绝。

这时，他去魁北克市③参加全省的一个法语协调会。奇迹发生了。

先前，他接受了部门协调小组组长一职，希望能有助于推迟，至少是缓和改革的实行，但失败了。不过，他仍然保留了这一职位，因为负责这件事大大减少了他的上课时间。

他在魁北克认识了一个比他小10来岁的女同行丽丝，两人谈了很长时间，他得知丽丝正准备下学期开有关拉迪盖的课。

---

① 阿列克斯-费里克斯·阿尔韦（1806～1850），法国诗人、剧作家，以十四行诗闻名。

② 雷蒙·拉迪盖（1903～1923），法国作家，20岁即因伤寒病逝，只留下两部小说《魔鬼附身》《德·奥热尔伯爵的舞会》和一部诗集。

③ 魁北克市为魁北克省的首府，蒙特利尔为魁北克省最大的城市。

　　马丹是独身，大半辈子都一个人过，只跟女人生活过两次，每次都不超过一年。

　　而丽丝则刚刚离婚。她也来自蒙特利尔，在南岸的一所大专教书，开了两年关于吉尔·维尼奥①的课程，现在正准备开设关于《魔鬼附身》的课。但她的同事已经开了关于拉迪盖的课程，所以表示反对。马丹以部门协调小组组长的身份告诉她，如果两个教师在同一所学校讲授同一个作者让她感到不便，她可以另选一个作者。她已经是第三年讲拉迪盖了，大家轮着来嘛！这位女教师最后同意了，选了洛特雷阿蒙②。

　　丽丝离婚后，在皇家山高地③留有一套公寓。马丹轻易地说服了丽丝，让他搬到她家住。她有洁癖，所以马丹从此以后再也不用吸尘和洗碗。

————————

① 吉尔·维尼奥（1928～　），加拿大法语诗人、歌词作者。
② 洛特雷阿蒙（1846～1870），法国诗人，主要作品有《马尔多罗之歌》。
③ 蒙特利尔高级住宅区。

8月底，他趁丽丝不在家，偷偷地翻看她的抽屉，发现一份关于拉迪盖的笔记，马上跑去复印了，然后把原件放回抽屉。

他坐在学校的办公桌前，看了复印回来的东西。太棒了！记录非常详细，还有很多手抄的引言，字迹清清楚楚。他甚至都用不着再读原著了，只需买一本被前一个主人捏弄得破破烂烂的旧书，让人相信他已经一读再读。

他讲的关于《魔鬼附身》的课取得了巨大的成功，比关于米隆的课还受欢迎。他几乎已经习惯全班都在睡觉的场面，现在却发现不少学生第一次沉浸在一本书中。他隐约感到，这并不是因为他的教学方法好，而是丽丝的备课笔记棒。

这本来有可能让他感到妒忌，但事实上却完全不是这样。他唯一担心的是，将来有一天，她会得知，他教的是《魔鬼附身》，而不是他所说的《红与黑》（每当她想谈谈司汤达，他总是反对说，他每星期天天讲，已经烦透了）。他从不在家里给学生改作业，并且避免让丽丝与他的同事见面，借口说大家都互相讨厌。这也不完全是编的。

结婚一年之后，发生了仍在工作的懒汉一生中最期待的事情：退休！

省政府决定减少财政赤字，因为其他省的政府已经这样做了，甚至要削减到零。为此，要压缩公务员队伍，甚至让那些远没有到退休年龄的人马上退休。如果再等几年才退休，钱就会减少；而现在就退休比将来正常退休拿的钱要多。

这很诱人。而且，住在丽丝家里，他的住房费用很少，只分担电费和地税。由于这房子不属于他，他没有任何理由来分担购房贷款。他甚至这样计算，如果卖掉自己的汽车，只用丽丝的车，每天上午送她去学校上班，傍晚接她回家，他所得到的净收入与那些天天或者说几乎天天卖命的人差不了多少。

是丽丝劝他接受政府的建议的。或者说，他给丽丝这么一个印象，好像是丽丝逼他这样做的。丽丝对他说：“你辛苦了这么多年，也该歇歇了……而且，可以有更多的时间写你的小说，这也不赖。"

那本说了多年的小说，他一行都没写。他只跟丽丝和同事说，那小说会很短，但将一鸣惊人。

这是一个绝好的借口，这样他就可以完全不工作了。

退休后的前几个星期，他对自己的新生活似乎感到很满意，但很快又觉得，如果说，他什么都不想干，他也不喜欢什么都不干。

由于避免了一些事情，比如修改备课笔记、检查学生作业，以及要完成一些不能推到第二天的任务，他的闲暇生活过得很开心。不过，如果没有事干或没有事情拖到最后不得不干，这种无所事事也没有什么意思。是的，他有一部小说要写，可他心里一直知道，他永远也不会去写。说实话，他觉得自己写那种东西真是大材小用。他遇到过米隆和其他几位作家，也在电视上见过一些，觉得他们全都缺乏一些……什么？才气，他相信是这样。他们说起话来就像保险公司的推销员、公共汽车司机、幼儿园的保育员或是综合学校的老师。口才好的人写东西往往很差。

既然那么多人的智力那么平庸，为什么还要写？

退休的前几个星期，他读了几本书，或者说，读了几本书的第一章，但马上就感到厌烦了。就像电视一样讨厌，甚至比电视更讨厌。

最后，他每天的节目只限于尝试着戒烟，可立即又觉得戒烟并不是什么有意思的事，正如抽烟也不是什么大事一样。于是，他不再戒烟，觉得戒烟之后既没有更好，也没有更糟。

总之，每当他为了驱赶烦恼而决定什么都不干时，他又觉得很厌烦。

就在这时，他接到哥哥雷翁的一个电话。他只有这一个兄弟，没有姐妹。雷翁病了，得了癌症，还剩下六个月时间。

雷翁请求马丹帮助他做完他的房地产经纪业务。起初，马丹必须开着哥哥的"奔驰"送哥哥去工作。很快，雷翁的身体越来越虚弱，便派马丹代替他单独去。有了第一次便有第二次，以后就越来越经常。马丹觉得被人当作房地产经纪人雷翁·盖尔丹挺有趣的，并非没有意思。三个星期卖了两栋房子，雷翁给了他佣金。他后来又以哥哥的名义，做成了四栋新房的买卖，大多在乌特蒙、韦斯特蒙和慈善院的漂亮街区。雷翁喜欢去那些街区找生意，他早就觉得，卖一栋10万加元的房子跟卖一栋50万加元的房子，所花的力气是一样的。卖富人的豪宅比卖穷人的破屋要划算得多。受到成功的鼓励，马丹刚好在哥哥去世的时候，读完了房地产行会的课程。他从嫂子那里收购了哥哥几乎还是全新的"奔驰"，在相当一段时间内以"雷翁–马丹"的名字进行活动。

他的形象一直都很好——脸色红润，脑袋端庄，胖得恰到好处，很显富态。而且，他一进门就能分辨出富人和穷人。他能让有教养的客户放心，让没有教养的客户感到忌惮。

总之，他像哥哥雷翁那样，房卖得不多，但

卖得很好。

更重要的是，他几乎不觉得自己是在工作。

尽管如此，他还是经常感到累，因为懒人都这样，经常向比他工作得多的太太（在学校里和在家里都如此）抱怨自己干得太多……

一个挠钩

马丹拧亮了"奔驰"上唯一还能亮的那盏车灯，然后灭了又拧亮。他觉得河流收窄了。通常，支流越接近干流便越宽，就像大河的河口肯定比源头宽一样。但黎塞流河显然不是这样。

他心想，肯定有人在什么地方——一个失眠者，或者是一个看电视的人，电视又刚好摆在窗前——看见有辆"奔驰"亮着求救灯在水上漂，于是向当局报警。

黎塞留河在这个地方略微拐了一个弯，所以"奔驰"便向左边滑去。马丹的地理知识有限，但以前上课时学过存在主义，这一点还是知道的：一条河的左岸就是你面对大海时的左边①。他敢肯定，对于小河来说也一样。河的两岸，每隔一两百米就有几间房子。但在大部分屋子里，

_____

① 此处暗指战后知识分子纷纷前往巴黎塞纳河左岸。

既没有失眠者的长明灯，也没有电视迷的灯光。他已经不指望他们能回应他的求救信号了，觉得自己就像那些学者：向宇宙空间发送了信号，但永远得不到回答。不过，他们一天一天、一个月一个月地坚持着；而他呢，试了十几次之后便开始泄气，决定放弃了。于是，他把两盏灯拧到最亮。

"看！"突然，他对他的旅伴喊道，如果能把这场意外的漂流叫做旅行的话。

他曾请这位旅伴和他一同坐在"奔驰"里，但对方拒绝了。马丹没有坚持，因为，如果那老头不怎么干净的话，他的汽车座椅可能会被弄脏或者留下气味。

他放下车窗玻璃，又喊了一声：

"看！"

河边有盏灯亮了又灭，灭了又亮。老头站在渡船的驾驶室里，朝信号的方向看去，观察了好一会儿。马丹则不断使用各种形式的求救信号，先开防炫灯，接着又打开两盏大灯。没用。岸边的灯不再亮了，那座房子也从他们的视野中消失了。这是怎么回事？他们看见了他的求救信号，回答了，然后又放弃了，因为他们觉得这是哪个捣蛋鬼在搞恶作剧？凌晨三点，除了捣蛋鬼，还有谁会在河中间用两盏车灯在玩呢？

马丹彻底地熄了车灯，不由自主地打开了收音机，突然又心生一计：他把音量调到最大，把所有的车窗玻璃都放下来，然后走出汽车，免得自己的耳膜被震破。

"如果有人听见我们的声音，他们会有所行动。"

不过，一切都不能确定。谁都知道，如果夏天的晚上，邻居把收音机开得很大声，天太热，你又不能关窗睡觉，这时，你报警有用吗？所以，后来就没有人打电话报警了。警察心里一定这么想，现在的人没那么吵了，或者是现在的人比以前更能容忍了。所以，请设想一下，11月份，一阵很大声的音乐，高达200分贝，但顺流而下。无论是谁，透过紧闭的双层玻璃窗听见它，心里都会说：好了，总算过去了。马丹回到"奔驰"车内，把收音机从最吵闹的摇滚乐频道调到刚才听的温柔的古典频道，但是徒劳，于事无补。他关了收音机，重新升起车窗玻璃。

他又试了试手机。好了一点，因为表示"电池弱"的灯光能够略微闪烁了，但电话仍然无法打通。接着，电池灯又不闪了，无论怎么弄。

马丹把座位往后放，决定睡觉。

但没睡着。如果你在一艘没有舵的船上，最近又刚刚在家庭影院看过《泰坦尼克号》的录像，看到那艘巨轮逐渐沉没，现在要睡着确实不易。况且，喝多了也很难睡着。

他竖起椅子，叹了一口气，走到车外。

他想弄醒在舱内席地而睡的老头。与其一个人烦恼，不如烦一烦他。

他倚靠着栏杆，眼睛转向船尾。夜空美丽，繁星点点。他只认出了炒菜锅形状的大熊星座。那些星星——或者说是天体——组成一个 W 形状，应该都有名字，可他不知道。他一生中起码有一百次后悔不知道星星的名字，也一百次发誓要读完一本天文学的书，或者去上相关的课。

"如果我能从这场水上遇难中死里逃生。"他对自己说。

尽管他意识到这种说法有点夸张，但必须承认，他是第一次心里不踏实。在这之前，他只觉得事情麻烦，有点棘手，不知要迟到多少时间，也不知要花多少钱。但是，万一由于种种原因，船沉了怎么办？比如说，在圣劳伦斯河与别的船相撞，尽管在这个季节船只很少。那时，他肯定会被淹死，因为他水性不好。在冰冷的水里，他宁愿直沉河底，也不想像愚蠢的莱奥纳多·迪卡普里奥①那样试图漂在水面。可是，谁知道呢？大家都想，听天由命吧！而当死神真的来临，人们可能又不这么想了。

他想起了他所喜欢的诗人米隆的一句诗。那句诗他的学生们相当喜欢，评论也最多，虽然不一定全都那么精彩，但评论总是很多。他大声地

———————————
① 在《泰坦尼克号》中饰演男主人公的好莱坞演员。

念道：

"我的一生，微不足道。"

这句诗以某种方式让他感到安慰。是的，他一生都很渺小。他并不觉得自己这辈子有多精彩，以至于把失去生命当作是一种巨大的损失。

他扭过头，转了一百八十度。看见被城市（肯定是索雷尔及其周边地区）暗红色灯光映照的天空下，有一团形状如弓的黑色东西在逼近。是船吗？不，是一座桥。四对桥墩立在水中，其中几个在岸边。桥上有一连串路灯，好像是一条高速路。这下，他们要葬身黑色的水底了：与桥墩相撞，浮筒将被击得粉碎，他们来不及喊救命，船就将沉了。

马丹忘了自己刚才还准备赴死呢！他马上闯进船舱，使劲摇晃正在地板上熟睡的老头的肩膀。

"醒醒！船要沉了！"

老头慢慢地从睡眠中醒来，坐起身，透过船舱的窗户看向外面。

"是高速公路的桥。"他认了出来。

"我知道，是高速公路。如果撞向桥墩，我们会有什么危险？"

老人冷静地站起来，发动了马达。如果有一点运气，就能让船避开直冲它而来的桥墩。

但他们运气不好。渡船加速了，但拒绝改变航向。老人开起倒车，想让渡船减速。太晚了，船猛烈地撞向桥墩，马丹仰面跌倒在船上。

一时间，他以为渡船也要翻了：船头翘起，竖在浮筒上，就像猫坐在自己的后腿上。然而，慢慢地，它开始旋转，绕过水泥桥墩，原地转了一个圈，又回到了原来的方向。

"你没事吧？"老头扶他站起来。

马丹摸摸自己的身体。没事，应该说没什么事！什么地方都没有被碰坏。

老人弯腰看着舷墙，好像在检查船有没有破损。他看了一边又看另一边，然后说：

"应该把船头压下来。"

移动什么呢？"奔驰"。老人盯着车子，好

像那是一头牛，马上就要被送进屠宰场。

浮筒隆起来了，也许有个洞。要把你的车子移到另一头去。

移动"奔驰"？即使六个人也移不动。它重达……马丹对这类车有多重并没有概念。可能有几吨，好几吨。所以你就想吧，只有两个人——一个老人，一个不那么老，但起码有六年没有进行过任何形式的体育锻炼了。

"移不动的。"

"我来给你导向。"

什么，在这块像手帕一样大的地方开动"奔驰"，移动位置？

"不可能。"

但马丹很快就不得不承认，河水很冷，即使他不是很想活下去，也不想死在刺骨的冰水中。

"好吧！"

他坐在方向盘后面，转动钥匙。"奔驰"的发动机响了起来——在他的主人听来，这声音是多么甜蜜。老人转了一下手，马丹明白，这个手势的意思是把方向盘往这个方向转，他照办了。然后，他又服从手势的指挥，后退，停车。

老人让他把车轮往右转，后退，停，左转，经过一番折腾，车子几乎紧紧地贴着栏杆。

最后——这将成为最后一个动作——马丹把老人的手势理解成再往后退一点。但当他发现，"奔驰"的车尾在一直低垂的跳板上冒险时，他吓得一身冷汗，猛地一脚刹车。没用，因为驱动轮现在已经悬空，底盘趴在了渡船的甲板上。

他挂了前进挡，轻轻地踩油门，然后全力加速，但"奔驰"纹丝不动，驱动轮一直在空转。他停下来，熄了火，想打开车门。不可能，挨得离栏杆太近了。他只好跨过中间的波箱，从副驾驶那边的门出来。

"你是故意的吗？"

老人甚至不屑耸肩，回船舱了。

这时，马丹察看了一下船的方位，不得不承认渡船重新稳住了。更可喜的是，如果有人看见他们，也更容易发现这艘船遇到麻烦了，因为船上有辆汽车的尾部都已经滑出船身了。不过，一艘渡船，不是横渡河流，而是顺流而下，也许会被人以为是有其他事，而不是失事？

河边的灯光越来越密，屋子现在几乎是一栋挨着一栋。到城郊了，或者是小镇。马丹知道，在黎塞留河和圣劳伦斯河交汇处，一边是索雷尔，另一边是特拉西。

"这边是索雷尔还是特拉西？"

老人终于给脸，回答了一个字：

"是。"

其实，马丹并不关心哪边是索雷尔，哪边是特拉西。瞧，又来了一座桥。一座铁路桥。就算看不到铁路也能判断出来，因为它笔直笔直的。桥中间的转动门是开着的，好像在等待某艘船。马丹回过头，想看看后面是否有船来。

"自从没有火车后，它就一直开着。"老人开口道，好像猜到他要问什么似的。

这回，渡船离桥墩相当远，但很快就看到又有一座桥出现在眼前。

那座桥很旧（也许比铁路桥还旧），而且非常危险，因为渡船迅速靠近了它。河道继续变窄，河水越来越急，桥墩越来越近。马丹双手卷成喇叭状，朝一个正在桥上行走的人喊道：

"快叫消防员！缆绳断了！"

那个行人好像没有听到或听懂他喊什么，而且也根本没有在意，继续往前走，并没有慢下脚步。

"梯子！"

老人指着从桥面垂到离水面不到1米的一条铁梯。如果渡船碰到它，驾驶舱可能会被刮掉，也许还会殃及浮筒。"奔驰"的车身就更不用说了。

"挠钩！"

这次，他指着沿着栏杆绑在支架上的一根粗大的竹竿，顶端有个钩子。

马丹抓起那根带钩的篙，双手紧紧握住。老人示意他对付梯子，显然，以他的年龄，他觉得自己没有足够的体力来避免这场灾难。

铁梯靠近了，马丹成功地用挠钩卡住一个垂直的梯脚，使尽地推，渡船好像犹豫了一会儿，然后开始原地打转。成了！一个男人，当他不想被淹死的时候，会具有巨大的力量。

"不是这样！"老人大喊。

他从马丹手中夺过挠钩，向渡船刚刚避开的铁梯转过身来，想用钩子钩住铁梯的一个横档。

马丹终于明白了：老人根本就不想让渡船远离梯子，而是想让他钩住梯子。这样，两个人当中的一个，甚至两人都能爬上去，寻找救援。

还来得及，马丹接过挠钩，赶快跑到船尾，尽量伸长胳膊，但还是错过了铁梯下方的横档。他重新举起挠钩，最后一试。铁梯已经太远。失败了。

"很抱歉。"他把挠钩扔在渡船的甲板上。

他对日常生活中的事情真的没什么天赋：做饭，缝纽扣，换保险丝，指挥修理工，甚至开车和在城里停车，要不刮掉车漆和镀铬对他来说都不是很容易。这就是知识分子的命运，他常常这样自豪地想。因为，与他家乡的知识分子相反，他总以自己是知识分子为骄傲，尽管只有他自己这么认为。

穿过第三座桥，也就是最后一座桥之后，渡船继续向索雷尔港口驶去。天空开始发白，星星渐渐消失。

马丹从来没有见过这样的景象，他靠在栏杆上，看着浮吊、生锈的旧船、破旧的工厂、一堆堆的垃圾和废料。他知道，战争期间，索雷尔曾是大英帝国最大的船舶制造中心之一，他觉得好像多余的产品全都留在了那里。

老人站在他身旁，想的也和他一样？不问怎么知道？但马丹一点都不想问，那老人总是答非所问。比如，你问他："你叫什么名字？"他可能会告诉你明天的天气预报。

对了，老人叫什么名字？马丹第一次想到这个问题。只有一个办法可以知道，那就是不问。

"我叫马丹·盖尔丹。"他伸出手，只说了

这么一句。

老人漫不经心地递过手来，什么都没说，眼睛仍然看着前面的流水。

现在，渡船已经进入了圣劳伦斯河，天色则从浅黑变成了深灰。河水更猛烈地拍打着渡船的浮筒。远处，右边的地方，出现了另一艘渡船，白色的，比他们的渡船要大得多，静静地停在港口。左边，在差不多同样的距离，有一艘货船，肯定没装什么东西，因为船身几乎完全浮出水面，向蒙特利尔驶去，可能再从那里前往多伦多或芝加哥，寻找要运输的货物。

马丹没发觉老人已经回到船舱，重新响起来的马达声吓得他惊跳起来。

他马上意识到他的旅伴想干什么了：横渡河流，利用黎塞留河的冲力，加上马达的推力，尽快地把船停到对岸。当然，圣劳伦斯河的河水会把它向下游冲去，但他们也不是没有成功的可能。

到了河心，波浪更大，浪花翻滚。渡船在马

达的推动下，顺利地穿了过去，但慢慢地，船身又向下漂去。

"永远也到不了对岸的。"马丹心想。不过，他马上就自责这种悲观思想，以前觉得不可能克服的困难不都战胜了吗？就在昨天晚上，他不是还成功地以51.8万加元的价格把一栋房子卖给了一对没有购买能力的夫妇，而那栋房子的实际价格绝不超过售价的三分之二？他找到了一个不错的评估师和一个无能的银行经理。相比之下，渡过一条河要简单多了，尽管掌事的不是他，而是一个不知其名的老人。不管怎么说，在这种小船上，指挥复杂不到哪里去：不是前进就是后退。

这样一想，他不由得重拾信心。况且，对岸越靠越近，离石砌的堤岸甚至已不足百米。船头越来越向下游的方向倾斜，可以说达到了45度。这样更好，免得与堤岸发生正面碰撞。如果那样的话，他的"奔驰"就不可能从船上弄上岸了。不过，天大亮之后，救援人员——那些该死的救援者在哪里呢？——很容易发现他们。只要请他们把"奔驰"拖到最近的汽修厂即可，告诉维修人员换车灯，检查底盘。他则坐出租车回家，洗个澡，换身衣服，然后去乌特尔蒙赴约。星期六或者明天（如果有时间）再回来取车。

渡船又向下游偏移了一点。马丹静观其变。是的，渡船很快就将搁浅。

可是没有，老头又熄了火。马丹惊讶地朝船舱转过身去，显得非常气愤。

"没有柴油了。"老头说。

什么，没有油了？在离岸边只剩下50来米的地方？这不可能！然而，事实如此，因为船头已经完全朝向下游，慢慢地远离了岸边。马丹又打算——只是1秒钟——脱掉衣服，准备跳到冰冷的河水里去。他耸耸肩。

"'奔驰'！"他突然大喊。

老头皱了皱眉，看着他。

"油箱是半满的。"

"要找条管子。"

马丹赶快跑到渡船的船舱里，但没待多久，因为里面有一堆表盘和操纵杆，那些东西对一艘不是前进就是后退的渡船来说太复杂了。在这艘该死的船上总该有一截塑料管吧？他在角落里找到一个空桶和一个1升的瓶子，但里面装的也许是某种无色的液体。他打开装满工具的箱子，没有管子。还有一个小一些的箱子，显然是卫生箱，因为上面有个红十字。在箱子底部，他发现了一盒填肚子用的巧克力花生条，便把花生条抓起来塞进大衣的口袋里。还是找不到能吸汽油的小管子。马丹年轻时吸过一次，他曾有一辆"名爵"，因为"名爵"的缩写和他的姓名缩写一样①。二十五年后，他还记得嘴中的汽油味。这次，他要让老头来吸，必要的话他可以付钱。船舱里什么都没有，也许"奔驰"的发动机盖下面有？他跑去打开车门，把手伸得长长，去摸发动

---

① 名爵是英国汽车品牌，主要生产敞篷跑车，其原文全名为Morris Garage，缩写为M.G.。马丹的全名为Martin Guerdin，缩写也为M.G.。

机盖的开关，然后跑到车前。发动机盖很难打
开，但最后还是开了。他欣赏着呈现在他眼前的
各种管子，看准了其中一根——也许是洗窗水的
管子，拔了一下管子的一头，松了，但另一头很
紧。

"过来帮忙！"他对老头大声地喊道。

由于老头没过来，马丹狠狠地瞪了他一眼。
老头没说什么，可以说很平静，做了一个滑稽的
鬼脸，意思很明显：不管怎么弄，已经来不及
了。马丹看着河岸，岸边比刚才远多了，迅速在
他们眼前后退，因为圣劳伦斯河的河水比黎塞留
河的河水流得快多了。

马丹试图把刚才拔出来的管子插回去，但插
不回去。那是汽车修理工的活儿。他气呼呼地关
上了发动机盖。

"我叫特雷弗莱，"这时，老头说，"圣罗
什的特雷弗莱·耶尔。"

他说这话的口气就像是没落的法国贵族。知
道这个旅伴的名字，让马丹放下心来。一段时间

以来，他和一个叫特雷弗莱·耶尔的老头在河上遇险了，这总比和一个他不知名字的老头在河上遇险要好。

他笑了笑，对方也还他一个微笑。好了，他们成了终身朋友——至少在他们脱险之前。

"你刚才说，六五年或七〇年，一艘渡船漂到了圣劳伦斯河。结果如何？"

特雷弗莱没有回答，只露出一副怪样，好像在说事情不妙。不管怎么说，一艘为黎塞留河而建的渡船漂到了圣劳伦斯河，这能有什么好结果呢？

这时，马丹决定自己来操纵渡船。他清楚地知道，自己在航行技术方面是一张白纸，可对方也比他好不了多少，否则他们就不会到这种地步了：在河流的中央随波逐流，颠簸摇晃。

马丹也承认，事情到了这种境地，自己也有部分责任。挠钩事件。但如果特雷弗莱好好告诉他怎么做，或者指示得清楚点、准确点，一切都会很好。所以说，事情到了这种让人恼火的地步，更多是老头的错。

这正是他要指责老头的地方：没有给出清楚的指示。如果让船员随便做、乱做，那还算什么船长？如今，在领导岗位上——政府首领、冰球队教练或工会主席，首先需要的是沟通。从这个角度来看，特雷弗莱·耶尔确实不及格。

从现在起，下命令的将是马丹·盖尔丹。如果船员不服从他的指挥，他将像船长处理反叛的水手一样：将其扔进水中，杀一儆百。可他做不了任何人，因为船上将只剩下船长一个人。即使如此，那也不是他的错。

所以，一有情况发生，不管将来发生什么，马丹将采取措施，强制执行，清楚而坚决地发出相应的指示。

既然如此，为什么不立即下命令呢？练练本领，马上检验一下，必要时他下命令别人是否会服从。

他想了好久，该下什么命令。唉，想不出来。啊，最后终于想出了一个，应该不算笨：把

"奔驰"里的汽油抽到渡船的油箱里。这并不是一个理想的命令，因为第一次尝试，最好发出一个不执行也不会有任何后果的命令。而且，万一靠岸的机会来临，要发动渡船的马达，油箱里必须有油。所以，要是特雷弗莱·耶尔拒绝执行命令，马丹自己也得干，尽管一闻到可怕的汽油味他就愁眉苦脸，让这个从不当众吐痰的人，也忍不住往河水里长长地吐了一道飞沫。

他最后选择了一个比较折中的办法，这样，万一遭到拒绝，他的威信也不会受到太大的影响。

"现在，也许最好吸汽油。"他的声音里有点不安，他想掩饰，但未能如愿。

老头看了他一眼，摇摇头。马丹心里升起一股无名火。不行，这老家伙把自己当什么人了？

"这是命令。"

特雷弗莱·耶尔耸耸肩，打开"奔驰"的发动机盖，抽出已经拉出一半的管子，猛地一把抓住，然后走进船舱，拿了一个空箱子出来，放在汽车油箱的下面，拧开油箱的盖子，把管子的一头插进油箱，另一头放到嘴里吸了一会儿后，从嘴里拔出来，放到容器里。液体流动的汩汩声向马丹证明，操作完全成功，他的船员是服从命令的典范。这老头吸汽油时甚至一滴都没有吞下去，这对一个只有自行车的人来说，是一个了不起的奇迹。

马丹笑了，特雷弗莱也笑了。但这次，马丹后悔交换这种微笑。船长是不会随便朝一个船员笑的。于是，他试图找一个新的命令来下。这时，那位水手正把容器里的汽油倒入渡船的油箱里。

"还得检查一下马达是否能转。"

他为自己发号施令的方式而感到骄傲。有效、谨慎、权威而又不咄咄逼人。他想再下一道命令，但找不到什么命令了。算了。如果特雷弗莱不立即服从命令，那也由他去了。再说，他也没有明确要求该什么时候做。

他来到船头，看着河流。太阳已经升起，在

一片乳白色中，河岸越来越清晰。

这时，他们刚好靠近一个河汊。左边很宽阔，右边有条窄一些的航道；中间好像是个大岛，延伸着一些低矮的土地，那里没有石头，好像只有沙子。理想的靠岸地点，甚至可以不怎么困难地把"奔驰"弄下去。但如果这个岛屿没有桥与陆地连接，怎么把车拖回蒙特利尔？

但这仍然是搁浅的绝好地方，值得一试。

"应该试着靠岸。"他命令道。

特雷弗莱顺从地走进船舱，重新发动马达，就像这是一个真正的船长发出的命令。但这没有任何效果，除了让渡船加速。渡船不征求任何人的意见就决定走左边的水路。

"我倒更愿意走莫瓦纳航道。"特雷弗莱说。

马丹没有问他为什么。有个同事，在学校里讲授热尔曼妮·盖弗尔蒙①的小说，属于那种凡是书中所说的事情他都要去实地考察一番的人。

---

① 热尔曼妮·盖弗尔蒙（1893~1968），加拿大女小说家，主要作品为《不速之客》。

他曾跟马丹谈起过索雷尔的群岛，谈起过莫瓦纳航道及其迷宫似的小航道。在这种地方，渡船随时都会搁浅，可驾驶员（马丹准备委派他担任这一角色，所以也要给他相应的头衔）却决定走左边。然而，作出选择的并不是他，而是船。谁都不能指责他。

"也许最好还是把发动机给关了？"他又试着问。

特雷弗莱没有动。没有马上动，因为前面有个小小的弯道。又来了一个搁浅的机会。可渡船转了弯，就像个一级方程式赛车的专业赛手，钻进了弯弯曲曲的通道。

发动机关掉了。马丹朝驾驶舱转过身去，意思是说，以后要熄火或点火，最好先问问他的意见。但老头并不在里面，而是在他旁边。

"出什么事了？不可能这么快就没油了。"

特雷弗莱想了好一会儿才说：

"'奔驰'是否全都用柴油的？"

"我不知道。总之，这不是我的车。"

"哦。"

这声"哦"解释了一切。渡船的发动机用的是柴油，而老头以为所有的"奔驰"都是用柴油的。很久以前，这是对的，但卖到美洲大陆的"奔驰"早就用汽油了。

马丹真想抽这个船员几个嘴巴，这么重要的问题，怎么不提醒他。

但他压下火气，没有发作。他好像记得老头在把"奔驰"里的汽油弄到渡船的油箱里时犹豫了一会儿。不管怎么说，一艘没有舵也没有马达的渡船比一艘有马达但没有舵的渡船好不了多少，也差不到哪里去。

不过，知道他的水手（不能再叫他驾驶员了，因为现在他既不能让船前行，也不能把握其方向）和他一样愚蠢，他也就原谅自己的愚蠢了。

已经好一会儿了，河道宽了，而且不断地变宽，就像在一个雾气蒙蒙的凉爽早上，天越来越亮一样。

马丹知道他们来到了圣皮埃尔湖——其实那并不是一个真正的湖，只是索雷尔和三河市之间的河道扩大了而已。船慢下来了，要不就是由于离岸远了，两岸的景物后退得慢了，所以给人以船只减速的感觉。但马丹却得出这么一个结论：河道越宽，流速越慢，正如在狭窄的峡谷水会变成急流一样。他物理方面的知识不多（假如这些乱七八糟的事情属于物理的范畴），但这是明摆着的事情。

前面来了一艘船，很大很大，乍看上去更大。甲板上放满了集装箱——大多是蓝色的，但也有几个红色的和绿色的，至少有一个黄色的。运集装箱的货船驾驶员看见了渡船，因为他拉响了汽笛。

"我想最好还是避开船头。"马丹说。

可他的水手并不比他更清楚如何避开那艘货轮的船头，因为渡船既没有舵，马达也发动不起来了。

"没有危险。"特雷弗莱终于轻声地说，显

然，那艘货轮不会撞向他们。

"北颤号"的驾驶员可没那么肯定，因为他又缺乏礼貌地拉了几下汽笛，那意思就连外行人也听得出来："让开路！"有几个人跑到船头，倚靠在栏杆上，看着这艘滑稽的当地小船只运着一辆汽车，顺流而下。马丹失望地使劲挥手，大船上的船员们也友好地向他招手，甚至还亮了几下闪光灯。

"那是些亚洲人，"特雷弗莱说，好像一语道破天机——"他们对着你拍照，开心地对你招手，笑你，虽然你听不见，但如果自己有可笑之处，便不难猜到。"

那艘巨轮在离渡船50多米的地方驶过，航迹带来的波浪让渡船颠簸起来，方向偏了好几度。特雷弗莱没有接到命令就迅速跑到船舱，想发动马达。徒劳。渡船又恢复了原先的方向，坚定地朝圣劳伦斯湾和大西洋而去。

马丹心想，他们俩都远远没有想到会一直偏移到那里，他现在才刚刚意识到。

第三个人

在圣罗什和圣乌尔之间摆渡的渡船从来就没有名字。住在黎塞留右岸的人把它叫做圣乌尔的渡船，住在左岸的把它叫做圣罗什的渡船。一件东西，既然能这样简洁而主观地描述，为什么还要取名字呢？

但有一个人这样做了。他把它叫做"阿梅丽号"，尽管这个名字既没有写在船上，也没有写在其他地方。这个人就是渡船的司机、船长、轮机长、船工、领航员、司炉工，他身兼数职，什么都做。这个人就是多纳尔德·拉特拉韦斯①。当他还是个孩子，知道自己的名字和用来指渡船的那个词时，他就知道自己将在水上谋生了。况且，他的叔父加斯东·迪普雷就是渡船的船东，这一预言就更容易实现了。

① "拉特拉韦斯"在法语中是"横渡"的意思。

天快亮之前，当渡船经过索雷尔的公立医院门前时，渡船的这个驾驶员、船长等等，正一动不动地躺在该机构的一个房间里。他刚刚睁开一只眼睛，然后睁开另一只，但另一只眼睛不愿意。算了。就用愿意睁开的那只眼睛看吧！

他是在病房里。这很容易发现，尽管他从来没有住过院，除了出生的时候。

房间里有两张病床。躺在另一张床上的病人，那样子让他这个只能睁开一只眼睛的人感到安慰。因为那人头部裹满了绷带，只露出鼻子。人怎么能碰破了整张脸而鼻子却安然无事？多纳尔德心想。有什么办法呢？过了一会儿他又想。他可能也同样，满头缠着纱布，只露出一只眼睛。他想举起左手，没有成功，但痛的却是肩膀。右手的情况好一点，可以举起来摸脸。左眼和脑门的一部分扎着绷带，但仅此而已，除了左肩和左臂，上面也有绷带。他会失去那只眼睛吗？或者已经失去了？问题不大，他还有一只。肯定没有规定不让只有一只眼睛的人开渡船，只要那只眼睛能看见。不过，天知道！

他突然想起了他的渡船"阿梅丽号"。那并不是他的渡船，但也差不多。他每星期开五天渡船——如果他的叔父，也就是他老板加斯东去佛罗里达或多米尼加共和国度假，现在就是这样，那他就得每星期开七天的船。其余的时间，叔父不让他多干，哪怕他愿意干，否则，就属于义务加班。多纳尔德准备在"阿梅丽号"上每星期工作七天，一天都不休息。不过，如果让人知道他同意多干，他会感到很难为情。

每年春天，他也帮助保养船只，刮去剥落的油漆，协助弗雷德·维尼奥尔做些机械活，如果有机械活要做的话。没有工资，但他继续领取失业津贴，这是完全正常的。秋天的时候也一样，付酬方式相同，当让–居伊的拖拉机把"阿梅丽号"从水中拖出来时，他也会去帮手。

现在，他躺在病床上时遇到的最麻烦的问题，不是"我的那只眼睛是否失去了"，而是"我的渡船怎么样了"。

他张开嘴，想问一问这个问题，如果待会儿有来人能够回答的话。什么声音都出不来。他又试了一次，还是白搭。因为嘴不能动。他又抬起手，去摸下巴。"我的脸打破了，但我的渡船怎么样了呢？"

一个女护士走进病房，来到另一个病人旁边。那个病人似乎睡着了，护士不想打搅他，便来到多纳尔德床头。多纳尔德想问她："我的渡船，你可有消息？"但他只发出不规则的喘息声，不过，这足以让女护士知道他并没有睡着。

"先生，今天情况怎么样？"

她抓住他的手腕，想在写着身份信息的手圈上寻找他的名字。

"X先生，早上好。"

"嗯嗯。"

多纳尔德举起手腕，凑到眼前，终于看清了："X. X"。谁也不知道他是谁。如果不知道他是谁，可能也不知道他是渡船的驾驶员，更不知道他的船出了什么事。

女护士走了。就在她要出去的时候，一个男人从门口探进头来。她随手带上门，不让他进来。

多纳尔德一定又重新睡着了，因为不一会儿，或者是几个小时之后，他醒了过来。

总之，天完全亮了。这次，病房里人很多。有刚才来过的那个女护士，还有另一个女护士，一个鬈头发的男人，也许是医生，再就是先前脑袋从门缝里探进来过的那个人。

"现在感觉怎么样？"医生问。

"嗯，"多纳尔德努力回答说，"不太坏，谢谢。医生，您呢？"

"很好，"医生回答说，好像听懂了病人的问话，"这位先生是警察局的，他想知道您出了什么事。"

"啊……"多纳尔德想说一句比刚才长一点的话。

"凌晨两点，好像是一个男人用小货车把您送到这里来的。您知道是谁吗？"

说话的是那个警察。医生不高兴地扫了一眼，也许是因为不能不通过他而直接问病人问题。

"嗯，"多纳尔德一点都不想回答说是吉尔·圣达姆，因为这会给吉尔的太太带来麻烦。

"是谁把您搞成这样子的？"警察又问。

"扎……"伤者很高兴终于把一个完整的单词说出了一半。

"照我看，他是吸毒了。"警察没有猜到这个词才说了一半，更不知道这是那个词的前一半还是后一半。

医生摇摇头。是的，负责交通的骑警有本领天天送一大批这样的人来，尽管其中的大部分人很快就被直接送往太平间。

警察又问伤者：

"说到底，您还算幸运的。通常，魔鬼帮会把您装进睡袋，在圣乌尔的渡船上把您扔到河中央。"

多纳尔德想表示反对。他从来没有让魔鬼帮在他的渡船上干这种卑鄙的事情。有时，醉鬼或吸了兴奋剂的人拒绝买票，他会放行。最多就这样。甚至有人——混混或一般的人打算开啤酒或点着好像并不含大麻的香烟，他也会警告说不允许。对方如果是个混混，会不把他当一回事。没关系，多纳尔德做了他能做的事。

"您的问题都得到答案了吧？"医生嘲讽道。

警察耸耸肩。

"他能开口的时候，问问他叫什么名字。这样，我就能归档了。我们是按字母顺序排列的。"

他朝门口走去，然后又转身说，声音很低，但没有低到伤者听不到的程度：

"如果他死了，就打电话给我。我将重新开始调查，您明白吗？"

一个女护士仍在多纳尔德旁边忙活，一边给他诊脉，一边看着自己的手表，并注视着挂在一个衣帽钩之类的东西上的袋子，然后朝他笑了笑，转身回到同事那边去了。同事们正在问另一个病人话，那个病人最多只叹息两声，但医生点点头，好像听懂了对方的意思。

女护士很漂亮，曾对他微笑了一下。多纳尔德马上就想起了阿梅丽。

阿梅丽是吉尔·圣达姆的老婆，他认识她快三十年了。在圣乌尔，他们一起上学。那时，她叫阿梅丽·普罗旺萨尔。像别的女孩一样，十年当中，她最多跟他说过两句话，问他："你有铅笔吗？""'颊吻'这个单词的复数有没有's'？"那时，她从来没有对他微笑过。总之，从来没有单独对他笑过。15岁的时候，多纳尔德离开了学校，开始在渡船上当没有工资的学徒。阿梅丽则去索雷尔上速记班。几年后，由于周围没有人需要秘书，她便嫁给了吉尔·圣达姆，村里最英俊的小伙子，是个柴油机技师。不喝酒的时候，他还不错，可惜他常常喝酒，有时还打老婆。

6月份的时候，一个星期六，快到午夜了，她丈夫喝得比平常多。他星期六总是喝得比平时多。阿梅丽穿着睡衣和拖鞋跑了出去，这时，渡船刚好在圣乌尔靠岸。

"快！走！"她跳上船，大声喊道。

原则上，如果没有汽车来，船上至少要有三个行人或三个骑车人（一个行人或一个骑车人的船费约等于一辆汽车的三分之一），渡船才会开。而当时不是这样，只见一辆红色的福特牌小货车出现在斜坡上头。

多纳尔德丝毫没有犹豫，不等升起跳板就开船了。小货车在最后一刻停住了，半个前轮已经滑入水泥斜坡的水中。

吉尔·圣达姆从车里出来，喊了几句，但被噪声盖住了，应该是在威胁他太太，咒骂多纳尔德。或者反过来。

接着，他又上了车，掉头，飞快地开远了。

到了圣罗什，阿梅丽问，是否能在渡船的船舱里过一夜：

"明天早上他就酒醒了，那时，一切都会恢复正常。不过，在这之前，我最好躲一躲。"

借着渡船上的灯光，多纳尔德看见她额头有伤，便拿来急救箱。这箱子他从来没用过，但细心看管。里面的绷带看起来有点旧了，他便会马上自己出钱更换。他用棉絮和双氧水洗净她的伤口，伤口已经不再流血。

"这样就可以了。"当他想给她包扎，贴上胶布时，她说。

她在舱内的长凳上坐了好一会儿。多纳尔德希望她能跟他说说话，但她不仅如此，还甜甜地朝他笑了笑。他从来没有见过这样甜蜜的微笑，甚至在电视中也没见过。他就是在那个时候决定把这艘渡船叫做"阿梅丽号"的。一个如此美丽、有着这么甜蜜微笑的女人，她的名字一定能给他和他的渡船带来好运。

多纳尔德很愿意就这样待上几个小时，享受这种微笑，沉浸在自己的回忆中，但几分钟后，远处传来一个声音，吸引了他的注意。一种熟悉的马达声。常搭他船的顾客，他们的车辆声他都熟记在心。现在的这个声音，是福特F-150小货车的马达声。但不是随便哪辆F-150，而是一辆红色的F-150，是吉尔·圣达姆的货车，他已经到达圣罗什岸边的高坡。他在索雷尔通过高速公路的桥梁，兜了一个大圈，赶到了这里。

阿梅丽弯下腰，不让人从窗口看到她。多纳尔德则急忙开走渡船，仍然来不及收起跳板。吉尔·圣达姆又一次差那么一点点，还是没有上得了渡船。他又调转车头，回索雷尔，醉鬼开车的典型状态，执着得很。

圣罗什和圣乌尔的酒吧关门了，这又给多纳尔德增添了新的麻烦。多纳尔德顺利地把在圣罗什喝醉的圣乌尔的醉鬼平安地送到了对岸，但当他要让在圣乌尔畅饮的圣罗什的酒鬼们上船时，他看到了那辆红色的F-150。于是，他没让任何人上船，就马上开回去了，并在河中央关了马达，以便清楚地告诉大家，渡船今晚歇业了。

岸边，司机们从车子里出来，骂不绝口。其中有的人已经瞥见阿梅丽在渡船的船舱里，开玩笑说，河中央一定发生了什么事：

"瞧这船晃来晃去的，这可不是波浪的原因。"

"多纳尔德，帽子不是罩在头上的，而是套在小手指上的。"①

吉尔·圣达姆气疯了。

拂晓时，阿梅丽回到了家中。丈夫已经睡着，醒来后没有打她，因为他早上从来不打人。

滞留在圣乌尔的酒鬼们不得不兜了一个圈。先走的两辆车倒霉地被一个路障挡住了，那是用来临时截停醉鬼的。不过他们应该预料到的，让跟在他们后面的两辆汽车先走也好。活该他们倒霉，其他人走运。

加斯东·迪普雷同意支付他们的罚款，让他的侄子来偿还，每个星期还20加元。在差不多一个月的时间里，人们发现，星期五和星期六晚上，渡船的客流量减少了，人们在村里喝酒更谨慎了。但这种情况没有持续太久，因为路上不再检查了。而且，到对面的村里喝酒更好，在那里被老婆揪回去或者被多嘴多舌的邻居看见的可能性要小一些。

---

① 在法语中，帽子（capote）这个词也有避孕套的意思。

甚至连吉尔好像都改掉了打阿梅丽的习惯。他仍然喝酒，尤其是在星期六晚上，抱着酒瓶，但没有用它来打老婆。

多纳尔德尽管答应叔父不让阿梅丽上船，但克制不住自己强烈的愿望，想看看阿梅丽对着他笑的样子。11月末的一个晚上，她又来了，冻得够呛，仍然穿着睡衣和拖鞋，藏在渡船上。那天是星期二，那个星期，她丈夫提前了。

当吉尔·圣达姆开着他的F-150赶到时，渡船已经到了河中央，所有的灯都灭了。他一晚上都在闪车灯，想坏阿梅丽和多纳尔德的好事。其他司机都以为"多纳尔德和阿梅丽又开始了"，于是便绕道索雷尔。他们并无怨言，因为知道有人替他们缴罚款。况且，大家都知道，魁北克保安队从来不会在11月设置路障，因为路上的酒鬼比夏天和12月少，罚款还不够付队员的加班费。

天亮时，吉尔·圣达姆不再守候在那里了，回到了家中。一小时后，他肯定睡着了。阿梅丽也回到了家里，浑身冻得直哆嗦。

　　与以前相反，吉尔·圣达姆既没有公开也没有私下进行任何威胁。然而，第二天晚上，多纳尔德在河中央看见一个人拿着一把大剪刀走近渡船的钢缆，立马就明白那人要干什么了。

　　其实，吉尔·圣达姆很爱他的太太，虽然打她，但一点也不想让她的生命受到威胁。也许健康会受到威胁，但绝不会是生命。酒鬼们往往都这样，他们想让太太痛一痛，而不会要她们的命，尽管他们往往用很重或很尖的家伙狠狠地打老婆。

　　不过，他恨死了多纳尔德。他并不真的怀疑阿梅丽和这个既无貌又无财还不善言谈的家伙有染。让他感到愤怒的，是圣乌尔和圣罗什，甚至远如圣安托万和圣维克多的人都在取笑他。

　　多纳尔德看见吉尔·圣达姆蹲在钢缆旁边，立即把油门加到最大，放下跳板，冲向河边，想夺过工具。

　　吉尔·圣达姆剪断这条可恨的钢缆的时间比他预料的要长得多。剪刀不够锋利，要么剪钢缆用的不是这种剪刀，要么这种钢缆是特制的，用什么东西都弄不断，尤其是剪刀。多纳尔德求他说，宁愿被打也不要渡船的钢缆被剪断，但他懒得跟多纳尔德理论，就在多纳尔德想夺他的工具时，举起了剪刀。既然已经举起了剪刀，他就朝多纳尔德的脑门砸了一下。由于多纳尔德不松手，他便不得不砸了好多下，越砸越重，砸在肩膀上、手臂上，还砸了脑袋一下。最后，多纳尔德终于倒在地上。吉尔·圣达姆可以静静地做他想做的事了，他彻底地剪断了钢缆。

接着，他抱起多纳尔德，想把他弄到渡船上去，但多纳尔德挣脱了。就在吉尔·圣达姆重新抱起多纳尔德，把他甩到肩膀上，想抱得更牢一些的时候，渡船已经载着"奔驰"和老特雷弗莱漂远了。特雷弗莱起初还站在多纳尔德旁边看热闹，但他从来不管闲事，于是重新跨上自行车，当渡船过来时，他便一直滑到了船上。只有这样，他才能装作什么都没看见。

吉尔·圣达姆报了仇：不管特雷弗莱在不在

船上，渡船漂走都将给多纳尔德造成很多麻烦。况且"奔驰"是城里一辆很贵的车子。经过一番思考，他觉得这样比把多纳尔德一个人送回船上更好。城里人比乡下人难安抚。城里人认识政治家、律师和各种重要人物。多纳尔德会丢饭碗的，吉尔则可以随心所欲地打老婆，不让他老婆趁他要经常撒尿，而他又不幸地在厕所里睡着了一小会儿的机会，跑到渡船上躲起来。

"这是要给你一个教训。"吉尔说。

多纳尔德没有反应，仍在他肩膀上趴着，一言不发，毫不动弹，就像一个死去的人或很快就要死去的人。

吉尔好好想了一下。剪钢缆、跟多纳尔德短暂的搏斗让他的酒稍微醒了一点。

吉尔希望多纳尔德死，但不希望是自己杀死的。如果把他抛弃在那里，他必死无疑，因为最后一班渡船的时间刚过，谁也不会再来这里。如果是星期五或星期六晚上，哪怕过了规定的停运时间，照样有人会来坐船，因为如果多纳尔德还在那儿，只要有人想过河，他便会继续摆渡。但现在是星期三晚上，谁也不会来。

最好还是把多纳尔德送到索雷尔的公立医院去。如果他还没有死，医生会救治的；如果他死了，他们也会采取必要的措施。

吉尔重新回到岸上，肩上背着多纳尔德，手里拿着剪刀，来到停在斜坡半道上的小货车旁。他走路不再摇晃，甚至觉得自己已经清醒。他尽可能小心地把多纳尔德放在车厢里，但还是发出了"嘭"的一声。碰到头了？也许。活该。不管怎么说，多纳尔德很可能已经死了。吉尔把剪刀扔在尸体旁边。弯腰时，他看到了多纳尔德的钱包掉到了地上，便捡了起来，塞进自己的口袋。如果他没有死，以后再还给他。再说了，来回索雷尔的汽油费该由多纳尔德出。谁都不会有意见，因为这是为了救他的命啊！

他开得很慢，在这个点上，他从来没有开得这么慢过。千万不能让警察逮着。他喝了点酒，但并不比每星期三喝得更多，四五瓶大瓶啤酒吧！不会更多。他超过了限速，但超得不多，警察们都认识他，不会因为超了这么一点点而为难他的。一个讲道理的警察，绝不会在黑灯瞎火的晚上抓一个没平时喝得多的酒鬼的。那不等于鼓励他下次多喝点吗？相反，要解释货车后面的那个人是怎么回事，尤其是那人又死了的话，那就不容易了。

吉尔·圣达姆把车停在医院的急救室门前。他以前从来没来过，还以为他一到，护士和医生们就会立即跑过来，因为他在电视上看到是这样的。他将帮助医生和护士把多纳尔德抬上担架，然后趁现场一片大乱，回到自己的车上，一走了之。

可事实上根本不是这样。他看不见任何人，于是只好放下F-150的活动板，抓住多纳尔德的双脚，把他拖出来，再次扛在自己的肩上，走几步来到门口，塞进一只鞋子，让门半开着。

"有人吗？"

没有一个人来，也没有人回答。吉尔在那

里又站了一会儿，想了一下，然后把尸体放在脚边。门开着，带来了穿堂风，终于有个身体纤弱的护士过来了，想看看门为什么没有关严。

"出什么事了？"有个男人喊道，也许是夜间看门的。

吉尔回到自己的小货车上，开车回家，比来的时候快。

多纳尔德抬起手想看看表，但手腕上戴着塑料标签，上面写着他的新名字：X.X.。

他最后终于放心了，吉尔开车把他送到了医院，没有继续去剪拉得紧紧的坚硬的钢缆。有什么必要非要报复一个丝毫没有伤害他的摆渡佬呢？吉尔揍了多纳尔德一顿，这已经够了。但他也完全可以让多纳尔德流光血死在那里。也许是害怕警察，如果某人死了而不是半死，他们肯定会更紧张；也许是阿梅丽来了，看见多纳尔德受伤，一定要吉尔把他送到医院里。是的，肯定是这样。她是和吉尔一起来的。可能还是她开的

F-150，因为她丈夫喝得太多了。天知道呢！

一个像护士一样穿着白大褂的男人抱着一个夹子走进房间，扫了一眼病人们。他一定是觉得他们都没有生命危险，因为他很快又抱着那个夹子出去了。

不一会儿，一个女护士——不是刚才那位，是另外一个，进来给他打了一针。

见效非常快。甚至五分钟后——或者半小时后，谁知道呢——多纳尔德就感到精神饱满了，可以出院完成自己的任务去了。他的任务很明确：在钢缆断掉之前抢救他的渡船。

事实上，最让多纳尔德感到不安的是，除了他，没有人能救"阿梅丽号"。他的叔父在南方，今天来坐渡船的汽车司机们肯定骂死他了，因为他没有在那里摆渡。于是他们赶快绕道索雷尔，懒得去通知警察，因为时间已经很晚了。

让吉尔去？不行，人们会怀疑他想剪钢缆。阿梅丽呢？这可能让她丈夫感到不安。特雷弗莱·耶尔！对，他是骑自行车来的。可是，他不是这样的人，他从来不管闲事，因为他不喜欢跟警察打交道。坐"奔驰"的人？也就是那些城里人？他们总是匆匆忙忙，不会去管一艘钢缆剪断的渡船的。

他越想越觉得事情很清楚：唯一能救"阿梅丽号"的人，就是他，多纳尔德。但他只要看看自己的样子，就知道自己还得住几天才出得了院。可情况紧急，不能等啊！

他的手臂上插着两根针，他拔出一根，想看看会怎么样。什么事都没有。没有流血，管子里的液体慢慢地滴在地上。于是他又拔掉了另一根针。同样。他不会马上死的，甚至感觉更好了。

他下了床。这并不是太难。他的双腿没事。如果想逃跑，腿能走就好。他穿着医院里的浅蓝色的病号服，在11月份，这是不可能混出医院的。他走到壁橱跟前，想找回自己的衣服，但他的衣服不在那里。不过，有其他人的衣服，肯定是同病房病友的，细心地叠好放在架子上：一件衬衣，外带一条红蓝相间的领带；一件鸡爪状图

案的灰色上衣；一件天蓝色的外套。小桌板上还
有一顶深灰色的帽子，垂着黑色的帽带，现在已
经没有人戴这种帽子了，除了去望弥撒或参加葬
礼的老人。

多纳尔德脱掉病号服，看了看邻床的病人，
说：

"对不起，可我别无选择。"

那个病人用脑袋示意了一下，也许表示同
意，但也有可能表示不同意。又或者他根本就没
有动。不管怎么说，多纳尔德需要他的衣服，而
对方又将在相当一段时间内用不着。

他取下上衣，但衣服滑落到了地上。他猜衬
衣一定穿不进去，因为绷带让他的左手很臃肿。
算了。他捡起上衣，伸进左手，并不怎么痛。右
手，那就更容易了。穿裤子也比他想象的容易。
其他衣服都很大，所以穿起来很方便。屁股上好
像有个钱包，多纳尔德曾有一刻想放回去，但如
果偷了衣服，衣服里有钱包，那有什么办法呢？

现在只缺鞋子了。多纳尔德不得不趴在地板

上寻找。

鞋太大了，又无法系鞋带，右手可能抓得住，但左手肯定不行。他只好把鞋子放回去，免得走起路来噼噼啪啪地响，引起别人的注意。

壁橱的门上有面镜子，跟他的脸一般大。这张脸现在什么样了呢？只要你稍微有点想象力，就可以想象出来：一个刚被要求出院的病人——因为新的财政压力迫使医院让奄奄一息的人回家去等死。他戴上帽子。由于头上扎着绷带，帽子显得小了，但用力拉一下帽檐，还是可以戴进去的，好像刚好合他的大小。总之，这样更好，别人几乎看不见他额头上的纱布了，只看见他眼睛上的包扎和露至脖根的肩膀上的绷带，以及左手露出衣袖的纱布。

但愿医院里的工作人员都忙得没空注意他。出门的时候，他刚好碰到一个女护士，他刚刚把门带上，她就推开进去了。他听见她说：

"我们将把您送到蒙特利尔去。"

然后，当她发现病人不在了的时候，又说：

"他们总是说也不说一声就走。"

她步伐匆匆地离开了，超过多纳尔德，没有注意这个戴着过时帽子的老头。

他进了电梯，里面挤着很多人，他们都像女护士一样没有注意他。多纳尔德自己并不知道，他有一个罕见的本领，就是能让人从来不注意到他，哪怕他看起来像一个能走动的木乃伊。

出了医院大门，他就朝游乐港方向走去。碎步走了差不多十分钟，只碰到一个遛狗的老妇人。老妇人没有看他，但狗看到他却狂吠起来。

"卡米娜，安静！"老妇说了十来遍，但丝毫没有作用。走过去之后，那只狗还扭过头来对着多纳尔德大叫。

这个季节的游乐港，空无一人。多纳尔德到了那里之后，便朝弗莱德·维尼奥尔的修理间走去。每年春天，就是这位弗莱德开着船来给渡船检修马达、更换钢缆的。

眼下，他正坐在一台部分拆开的马达前喝中午的第一杯啤酒，这永远是一天当中最好的啤

酒。这时，他看见进来一个缠满绷带的人，穿着
过大的衣服，但根据这个人的动作，他马上就认
出这是谁来。因为多纳尔德·拉特拉韦斯走路总
是小碎步，步伐很快，让人觉得他是在漂而不是
在走，这对一个开渡船的人来说是完全合适的。

"多纳尔德？你怎么了？怎么化装成一个木
乃伊？万圣节已经过去三个星期了。"

弗莱德开着玩笑，他永远觉得自己的玩笑好
笑，但其实并没有那么好笑。接着，他准备再开
一个玩笑，觉得这个玩笑更好笑，因为还没有说
他就已经笑了：

"一看到你，"他终于止住笑，说，"一
看到你，人们就猜到你终于遇到那个人了。是吉
尔·圣达姆吗？"

多纳尔德摇摇头，他一点都不想指责吉尔。

大笑了一番之后，弗莱德喝光了瓶中的啤
酒，从身后的箱子里又拿了一瓶，递给多纳尔
德。多纳尔德晃晃自己的绷带，拒绝了。他不肯
定自己能不能喝，而且，平时他只在不开船的日

子才喝。放假第一天，他会来跟弗莱德喝一两瓶。他很想这样说，但说不出来，不只是因为他的嘴，也因为他无法在脑子里把这些话排顺了。他习惯了，认识他的人也习惯了。

"好了，说说，我能为你效什么劳？"弗莱德终于停止了玩笑，问。

"嗯嗯。"多纳尔德说。

"但愿你的渡船没有问题，因为我刚刚收好船准备过冬。"

他指指身后，窗外，有一艘绿色的大船，已经倒扣过来放在河边。它拥有两个很大的外挂马达，可以在大小河里拖拉发生故障的船只。圣乌尔的那艘渡船如果马达坏了无法在原地修理，也由它来拖。

多纳尔德包着绷带，模样一定很狼狈，因为弗莱德又提出一个建议：

"如果仅仅是兜个圈，我可以借给你一辆'喜度'①，我还没有收起来。戴戴在圣安娜

━━━━━━━━━━
① 加拿大庞巴迪公司生产的水上摩托。

找了一个女朋友，我每个周末都借给他，因为他丢了驾驶证，而且，他也不怎么爱开车。"

多纳尔德用那只看得见的眼睛迅速扫了水上摩托一眼。那是一辆可以说是新款的摩托，他不常驾驶摩托，尤其是这样的摩托，也许有足够的马力把新钢缆从河的一边拖到另一边。他尽其所能地点点头，发出几声"嗯嗯"，意思显然是肯定的。

"我刚刚加满油，"弗莱德补充说，"但如果你掉到水里，你会冻得像坨屎。我可以借你潜水衣。"

多纳尔德点点头，摘下灰色的帽子。弗莱德察看着这个朋友满头的绷带，叹了一口气：

"我知道是谁干的，但你活该。"

多纳尔德把那顶老人帽放在拆开的马达旁边，向码头走去。

这辆水上摩托比他在这之前试过的声音要轻很多，但马力更大。

下午，天气很好。多纳尔德平时不太注意这类事情，现在终于意识到了。渡船的船长总是在同一条线路来往，最终觉得每一天都是一样的，因为他永远生活在同一个地方。在索雷尔港几乎无声地飞驰，他觉得生活真是美好，或者说，一旦找回他的"阿梅丽号"，生活将非常美好。捡了条命已经是个奇迹，逃出医院显然也是奇迹。

不一会儿，多纳尔德就到了黎塞留河的河口，开始溯流而上了。又过了一会儿，他就该看到"阿梅丽号"了。

在前往多米尼加共和国之前，加斯东曾对多纳尔德说，他可以在他愿意的时候休船，只是不要过早。面对漫长的冬天，多纳尔德决定尽量推迟歇业的时间。否则，他首先会失去工资，整天没事干；其次，在停开渡船和冰桥开始之间，有几个星期汽车司机们会大叫大喊，因为他们必须从索雷尔或贝勒伊兜个大圈。

多纳尔德很愿意为他人效劳，愿意让渡船多

开一两个星期，直到12月7日，甚至14日，只要天气不是太冷。如果钢缆不是磨损得太厉害，或者能及时更换，这也许是可能的。

当他看见圣乌尔和圣罗什的钟楼时，他开始意识到出问题了。一个大问题："阿梅丽号"不在它应该在的地方。他从索雷尔逆流而上时没有看见它，渡船显然已经不在黎塞留河，除非已经沉了。如果是那样的话，水上警卫队应该在场，试着打捞残骸。"阿梅丽号"一定去了圣劳伦斯河，那儿的危险更多，也更大。跨洋巨轮急于在冰冻之前离开水路，与它们当中的任何一艘碰撞都会酿成大祸，就像1965年那次一样。

多纳尔德掉转头，把加速手把拧到头，他必须在"阿梅丽号"遭遇不测之前找到它。

他很快就到了圣劳伦斯河河口，本能地环顾四周，就像要步行横穿马路一般。他笑自己愚蠢："阿梅丽号"不可能在左边。断了钢缆的渡船是不可能逆流而上的，而是像瓶子和木块一样顺流而下。也像在水上漂浮的垃圾。

突然，出现了一个女人

他们继续如此，不慌不忙，没有马达，又过了一个小时，然后是两个小时，三个小时。阳光灿烂，高高的天空上不时飘过几丝云彩。如果说天很冷，那也不像人们以为的那么吓人。11月底，又是在纬度那么高的一个湖中心，大家都以为一定有多冷。

阳光下，两岸细条状的黑土不时被明亮的钟楼刺破。马丹看着自己的手表，心，坐船默默地远游，也并非那么难受。他已经放弃去乌特尔蒙约会。要准时到达那里，除非有直升机马上把他送到那里，直接放在客户家的草坪上。

突然，他产生了一种奇怪的感觉。出事了，但出什么事了呢？他伸长耳朵。没有任何声音。总之，没有救援直升机的隆隆声响。他眯起眼，看看四周，慢慢地在原地转动，望着远处。还是什么都没有。出什么事了呢？

"船停了。"特雷弗莱猜到了他的问题，回答说。

是的，这非常奇怪。拍打渡船的水浪声变了。现在，只有后面才有声音，比刚才更响了。渡船停住了。是不是锚掉到了水里，在水底钩住了什么东西？一艘靠钢缆拉动的渡船不需要配像波音747那样重的锚。不过，马丹不放心，还是转了一圈，沿着浮筒看了看河水。没有绳子，没有链条，没有锚。

显然，渡船搁浅了。

"暗滩。"他权威地说，好像他知道似的。

这是好事还是坏事？也许是好事。渡船一动不动地停在圣皮埃尔湖中心，远远就能看见。直升机或小飞机经过那里不可能看不到它。猎人或渔夫也同样——也许狩猎和捕鱼的季节已经过去。看到这艘哪儿都不去的渡船，任何偷猎者都会感到奇怪。

"必须下去推。"特雷弗莱说。

马丹惊恐地瞪大眼睛。下到冰水里去？推这么大的家伙？对他来说太不可能了。

"如果你愿意你可以下去。"他和蔼地同意了。

"必须两个人推。"特雷弗莱强调说。

"不可能。"马丹心想。如果他们最终让船从那里脱身，但当船又开始漂移时，无法往前走，那会怎么样？

"当然，不是现在就推。"

这是否是一种挑战？在人类历史上，这也许是第一次有船长抵制船员的愿望。

总之，观察员可以第一次发现在这两个人对视的目光中有些敌意。在这之前，除了并不说明任何问题的微笑之外，他们之间只表现出极其的冷漠。不过，现场并没有观察员。不过，也不是不可能还有在场者，因为他们听见有个女人在问：

"我们这是在什么地方？"

最惊讶的是特雷弗莱，因为那声音好像是从"奔驰"里传出来的。马丹一拍脑袋，怪自己没有更早地想起来自己的车尾厢里还有个顾客。他有很多理由：喝酒，然后是发生了这些事情，为自己的车子最后是为自己的性命担心。这一切都很容易让一个房地产经纪忘了他让一个顾客待在自己的"奔驰"车尾厢里。况且，她又没有发出任何声响。难怪他现在马上就产生了犯罪感，尽管很难说是什么罪：抛弃顾客、被迫绑架、拒绝帮助一个也许并不处于危险状态但至少是坐姿很不舒服的人。

他跑向"奔驰"，打开车门，伸长手臂去拉手柄，想打开车尾厢。这时，他发现特雷弗莱两眼滚圆地看着他。

"这是我的客户，她想在我送她回家时睡一觉。"

"是吗？"对方回答说，好像这种解释非常无聊。

车尾厢突然开了，站起来一个女人。特雷弗莱觉得没有见过她。她很年轻，20岁，25岁，30岁？穿着一件蓝色的毛皮大衣，提着一个手袋。

他不知道什么动物的毛皮是蓝色的，很可能是生活在国外的动物。

当她从车尾厢里爬出来，小心翼翼地把脚放在踏板上时，他心想应该过去迎接她，伸出手去，免得她跌到水里去。但他呆立原地，继续看着她，好像那是一个外星人。

她一头红色的短发，也许真是外星人。不是胡萝卜的那种真正的红，而是消防员的那种红。当年，圣罗什的消防队有辆红色的卡车，后来，由于神秘的原因被漆成了黄色。报纸上说，所有地方的消防车都将从红色变成黄色。

她的红发的根是黑的，有一两个指节长吧！这是染的，特雷弗莱心想。尽管他不看电视，但他对现代生活并非完全一无所知。他有一台旧的黑白电视机，但坏了起码两年了。有时，当他想发呆的时候，他便拧到"On"，久久地看着没有图像也没有插播广告的电视机。

那个年轻女人还有金器，至少是金光闪闪的东西。不是戴在手指上，是三个金鼻环，戴在左鼻孔，三个金耳环，戴在右耳。"很另类，但不难看。"如果有人问他的意见，而他又能克服自己的害羞情绪，他会这么说。

"你能给我们介绍一下吗？"那个女人转身问马丹。

"当然。这是康迪德·拉贝尔①。很……"

"我叫特雷弗莱·耶尔。"特雷弗莱含含糊糊地说。

"转过身去，"她命令道，"我要撒尿。我尿急了才醒过来的。"

两个男人乖乖地把脸转向船头。

"现在可以了。"当汩汩声停止了以后，那女人说。

两个男人又转过身来，张大嘴看着她正把紫色的长裤从粉红色的大腿上提上去。

"难道你们从来没有见过女人穿裤子吗？"

他们晃晃脑袋。马丹的意思可能是说"是的，他以前见过"；特雷弗莱的意思可能是说"没有，他从来没有见过"。

---

① 这个名字的意思是"老实的美人"。

车尾厢

康迪德·拉贝尔爱撒谎。但她很少撒谎。不过，她要撒起谎来，往往谎话连篇，互相印证，最后连她自己都相信了。起先是撒一个小小的谎，自己也不知道最后会撒成什么样。一个谎接着一个谎，她可以改变历史，创造未来，用其他谎言来修改，最后都成了真的了。

她上一次撒谎，是在昨天晚上，或者说是今天凌晨一点。当时，那个讨厌的房地产经纪人在喝了五杯苏格兰威士忌后，开始引诱她，在桌子底下用腿碰她的腿。她收回自己的腿，然后又放回原处，以示反抗。

"您有情人没有？"这个房地产经纪人低声下气地问。所有犹犹豫豫、不敢大胆追求女人的傻瓜都这样，好像她有了一个情人就不能再有第二个似的。

"我有过，但现在没有了。"

"是吗？"

他脸上放光了，就像有些男人，得知眼前的小鲜肉被他们不可抵挡的魅力所折服，主动送上门来一样。

"他死了。"康迪德·拉贝尔补充了一句。

这让马丹感到有些不知所措，他喝光杯中的威士忌，心想是否要表示哀悼或说些什么安慰的话。康迪德怕他忍不住吐出来，等着他把酒完全吞下去才说：

"他有艾滋病。"

只要看看他的脸，她就能猜到，如果他杯子里刚才有什么东西，现在非呛着不可。

马丹从椅子上站起来，看着天花板。

"很遗憾。"他找不出更合适的话。

有个问题很想问，但不敢问，但康迪德主动回答了：

"我只是血清呈阳性而已。"

他点点头，扬手又要酒——他自己要威士

忌，给她要了啤酒。感觉得到，他现在急着想走，但又不敢流露出来，怕被当作一个粗人：一听见他请喝酒喝了几个小时的女人得了传染病，马上就想开溜。

不过，他还是喝完了威士忌，只是比平时喝得快，然后挽起衣袖，看了看表：

"一点零五分了。我该回去了。"

他站起身来，披上大衣，又帮他的女客户披上外套，趁她去洗手间的当儿，用美国运通信用卡付了账单。

在门口，他又问：

"您可以开车吗？"

为了烦他，她故意回答说：

"恐怕开不了，我头晕晕的。"

"我可以把您送到家里。"他说，但心里希望她能反对。

可她并没有反对。他反过来想，万一她开车出事故死了，那合同就有可能取消，他的佣金就泡汤了。

在停车场，他颇有风度地打开了乘客一边的车门。

"我喜欢坐后面。"康迪德说。

"请便。"

他关上前门，打开了后排的车门。

"坐车尾厢里。"

他惊讶地瞪大眼睛看着她。

"在那里睡觉更舒服。"

她本来应该向他解释说，她小的时候，父亲总是让她在凯迪拉克的车尾厢里睡觉。她父亲一直开凯迪拉克，每年都换新车，而且往往都把旧车多留一年，以保证新车能如他的意。一天，他开车送康迪德回学校，康迪德大耍泼，因为他不给她钱买玩具，于是他把康迪德关在车尾厢里，想让她安静下来。

他从此形成了习惯。

她也上了瘾。

在车尾厢里，听不见父母吵架或乏味的聊天，假如你不幸有个十分遵守限速规定的父亲，也不用担心其他汽车从四面八方飞速向你撞来。尤其是开收音机的时候，真像是在天空翱翔，或者是在棺材底，这可以说是同一回事。在整个路途中，你都会觉得自己是在另一个世界，什么都看不见，什么都听不见，除了透过隔音设备传来的音乐。

她父亲向来觉得，对孩子必须严厉，不能纵容。但在坐车这一点上，他让步了，因为他并不觉得这是一种任性。

她母亲就更难对付了，但女儿在后排座位故意大闹了几次后，她终于承认，如果孩子愿意坐在车尾厢里，说到底那是孩子的事。她只在里面放了一个塑胶床垫、一张床单、一床被子和一个枕头，每个星期都洗床单、枕套和其他织物。

康迪德真希望家里也有可以藏身的旅行箱。她有自己的房间，但这不是一回事。她曾把自己关在里面，熄了电灯，拉上窗帘，裹在被子里，但没有在"凯迪拉克"车尾厢里的那种安全感。她从来没有想过，她会重新寻找"胎位"，哪怕是在她懂得了这个词的意思之后。而且，她也不肯定那是否就是她想寻找的东西。

她出逃了几次，但失败了。最后几次，她多多少少是故意让人抓到的。后来，一到18岁，她就彻底离开了家，但这并不是因为她想睡在车尾厢里，而是因为她最终明白了，在蒙特利尔南岸的郊区城镇布歇维尔的这座大宅里，并没有她什么事。

最后一次逃跑，她父亲不像以前那样急切地派人寻找，他自己最后也明白了，女儿待在家里没什么用。

他有两家生意越来越红火的店——拉贝尔玻璃店和拉贝尔汽车挡风玻璃店。创办和扩大这两家店让他赚了许多钱，于是他决定出让商店名称和商标，结果发了大财。尤其是当他开着当年新款的"凯迪拉克"在魁北克省四处游荡，看见商业街上到处都是他的名字时，他心里美滋滋的。这是他的名字，而不是别的拉贝尔，因为在电话号码簿上有成千上万个拉贝尔。

他爱女儿，正如他爱妻子一样。如果她们俩掉进尼亚加拉大瀑布，他肯定会跳进去救她们。但在平时，他无法不谈他的生意。如果你接触过一天到晚只谈生意的人，你就会知道他们多么让人厌烦。

康迪德离开父亲的家时（当然也是母亲的家，但她跟父亲一样，自以为是，思想保守），社会上正好出现"刮窗器"现象，所以她有机会交一些朋友。这些朋友有吃有喝，如果他们愿意，还可以跟你分享他们小小的居室，不过，不到万不得已，他们不会这样做。当时是春天，她与一伙擅自闯入空屋的人混在一起。这些人大部分时间都住在被遗弃的旧屋里。

她应该不会喜欢这种新生活。离开自己舒适的房间和"凯迪拉克"隔音设备良好的车尾厢，和一大群人挤在四面透风的建筑里，这并不容易。但她很快就适应了，因为这个独生女突然发现自己有了兄弟姐妹，觉得属于自己的生活终于开始了。

和她最要好的是一个叫帕特里克的小伙子，此人看起来蔫头蔫脑的，但如果有人想追求康迪德，他就像受到了多大的冒犯。他的"小鸡鸡"也特别大，有点被滥用，但那个时期的康迪德对人、对事的判断都很成问题。

这群擅自占据空屋的人，生活相当不易，尤其是在冬天，因为有的年轻人甚至都没有长裤穿，那景象美好极了：一群年轻人睡在没有暖气的房间里，好像是在夏天。每当哪个记者突发奇想，想写一篇报道，同情一下这些人，结果却往往招来警察，把他们从空屋里赶走。

但警察走后，很容易就可以回到老窝，拔掉封门的木条，再到大街小巷捡些臭气扑鼻的床垫。

康迪德只当了一年刮窗女（她很喜欢这个词。这个词很形象地说明了她和她的伙伴们是干什么的），也就是说，只当了一个冬天。那时候，这活儿往往很难做，尤其是下大雪的时候，虽然雪会使橡胶清刮器很好用，但汽车司机们都不愿放下车窗玻璃给一个硬币，免得外面的寒冷侵袭到舒适的车中。

她注意到竞争对手（并不是真正的竞争者，但他们也确实全都在竞争，虽然自己浑然不知）带狗的比不带狗的挣得多。

于是，她也找了一只狗，或者不如说，是那只狗找了她。一只小狗，不是很小，但毕竟不是大狗。一天，她从所住的空屋前往她所工作的圣德尼路和舍尔布鲁克路十字路口，那只狗跟着她。她做出要把刮刀向它脸上扔去的样子，但它几乎没有退却。当她继续往前走的时候，它又跟了上去。它在城里流浪了两个月，她是第一个注意到它的人，所以不能就这样放过她。

有了狗，她就发财了，或者说几乎发财了。如果她不给帕特里克钱，让他去弄他所需要的各种非法物质，她本来有比父亲当年创业时更多的钱来经商。

第一个也是唯一的刮车窗玻璃的冬天快结束时，她和帕特里克、雅伯（就是那只小狗，它永远不叫）开始在城里最好的地点从事这一职业，如果能称之为职业的话。他们占据了雅克-卡蒂尔大桥蒙特利尔这边的出口，那里有个红绿灯，迫使汽车司机们不得不长久地等待。在红灯变绿之前，这两个动作迅速的刮窗手能刮很多汽车的挡风玻璃。

那只狗也许是他们当中最有经商天赋的，它在汽车之间跑来跑去，停在每辆汽车跟前，低下头来乞求。除非是真的毫无同情心，否则，任何汽车司机都不会拒绝随后而来的男刮窗手或女刮窗手。

春天快到来的时候，汽车的挡风玻璃都溅得一身泥水，所以总是脏脏的，每个红绿灯一个刮窗手都不足以让你干干净净地穿过蒙特利尔前往目的地。这一天，康迪德发现了父亲的汽车。很容易认，因为它很大，镀满了铬，尤其是它的车窗玻璃比任何汽车的玻璃都要深。拉贝尔先生是一家专做玻璃涂漆的连锁企业的老板，他可以把车窗漆得比法律规定的深得多。他的工具箱里有

115

眼科医生的证明，证明乔治–安托万·拉贝尔先生患有瞳孔葡糖苷异常（子虚乌有的疾病，给专家一个电控车窗就够了，他可以给你编造），需要一种特殊的挡风玻璃，以最大限度地抵抗紫外线。

那辆"凯迪拉克"遇红灯停住了。康迪德发现后，犹豫了一会儿，认为她父亲像任何人一样有权让人清刮自己的车窗玻璃，尽管他还能看清前面的道路。于是，她走上前去。父亲认出了她，采取了被他女儿认为是最让人恼火的拒绝方式：尽管雅伯令人同情地晃动着脑袋，他还是让雨刮不停地动着。

"你有强力胶吗？"康迪德大声地问。

站在附近的帕特里克扔给她一管他总是随身带的强力胶，因为这东西什么都能粘，见什么都粘，首先从拇指和食指开始。康迪德打开强力胶的盖子，在父亲的"凯迪拉克"的挡风玻璃上挤了一大团。

如果你曾因粗心或恶作剧在挡风玻璃上挤过

强力胶，而雨刮又立即把它抹得满窗都是，你便不难猜到，拉贝尔老爸在去最近的拉贝尔挡风玻璃修理店的路上会出什么问题。

康迪德永远也不会知道，她的恶作剧断送了父母的命。当时，拉贝尔先生只匆匆忙忙更换了挡风玻璃，但没有时间给它着色。不但那天没有，之后六天也没有。

这场相遇之后的一个星期，他和太太在圣雅森特参加完拉贝尔挡风玻璃公司第34家分店的开业典礼回家，不知道自己已经患白内障，被反向而来的一辆汽车的车灯照花了眼睛，"凯迪拉克"撞上了一棵枫树。没有任何东西可以证明，如果他的挡风玻璃涂深了颜色就不会发生这一事故，但也没有任何东西可以证明涂深了也会。

康迪德的父母一个当场死亡，另一个几小时后死在圣雅森特的医院里。父亲在弥留之际后悔无法修改遗嘱。

康迪德是在第三天的报纸上得知父母的噩耗的。第四天的报纸告诉她，人们在到处找她。文章强调，她继承了一笔几百万加元的遗产。

整整一天，她都执着地在挡风玻璃上玩清刮器，而帕特里克以及其他男女刮窗者则对她说，拒绝那么多钱是不理智的，否则这笔钱会充公，而政府会拿这笔钱以及其他贡献者的钱做一大堆蠢事。

于是，她约见了报纸上提到的那个公证人，那是他母亲的哥哥，也就是她的舅舅，他的公证处在圣乌尔，所以她便跟帕特里克和雅伯拦顺风车去了那里。

会面结束时，她问后门在哪里，公证人告诉了她。这样，就可以躲开在前门等她的帕特里克和雅伯了。她知道，她的生活从此将发生巨大的变化，为什么不也改变改变别人的生活呢？

她本来可以什么都卖掉——企业、房子、度假屋、去年产的"凯迪拉克"（正在车库里等她）——舒舒服服地靠这笔钱生活。

但她突然冒出一个主意：自己为什么就不能当个女商人呢？她无时无刻不在想，自己天生不是做生意的料。恰恰相反，接过家族企业，是对父亲最大的嘲笑，破产了，父亲在坟墓里会不得安宁；成功了，父亲在坟墓里也会不得安宁。

没想到，企业在康迪德的领导下发展得更快了。

在斯坦利杯①冰球比赛中，蒙特利尔的加拿大人冰球队意外得胜，帮了她的大忙。该队取得了决定性的胜利之后，成千上万的支持者上了街，见到车窗玻璃就砸。

康迪德恰好刚刚增加车窗玻璃的库存，因为厂商代表信誓旦旦地对她说，价格马上就要涨。这是骗人的，因为商务代表是提成的，没有工资。尽管市场萧条，人毕竟还得活。只有拉贝尔车窗玻璃公司能迅速满足发了疯似的厂商的要求，他们说服康迪德签了一份长期合同。

结果，在她的经营下，拉贝尔的企业得到了

---

① 斯坦利杯成立于1893年，为加拿大国家冰球联盟的最高奖项，在每个赛季季后赛后颁给联盟的冠军队伍。斯坦利杯以当时的加拿大总督斯坦利爵士之名命名。

前所未有的回报。"拉贝尔帝国"的这一说法与康迪德的照片第一次出现在《商业》杂志的封面上。那个月，这份杂志在报刊亭卖得几乎跟《魁北克女性服装之友》一样好。

后来，匹兹堡玻璃业的一家大企业向康迪德提出要收购她的企业，这就一点都不奇怪了。

康迪德一点都不傻，她开始怀疑自己是否真有领导企业的才能（而且她觉得烦死了），于是准备出售，并把对方的出价上浮了20%。

于是，她20来岁就有了800万元（加拿大元，但这总比没有强），她又过起了空虚和荒唐的日子。

她一时心血来潮，做起了慈善，设立了一个基金（帮助与支持刮窗工基金），投入了100万加元，但从中没有得到满足。基金管理委员会没完没了的争吵让她气疯了。她放弃了慈善活动，那100万加元也花得差不多了，尽管刮窗工的命运并没有得到可观的改善。

一天，她在清理父亲的生意时，找到了一本

书。她是第一次读书，而且，没有整本读。她只注意到父亲用绿色的彩笔画了几段。

这本书讲的是一个男人开着一辆露营车周游美国的故事。

她明白了或者想象到，一天到晚似乎只想着生意的父亲，其实也像书中的斯坦贝克一样，想在退休后周游世界。当死神把他带走的时候（康迪德不知道是自己的强力胶杀死了他，一点都没有罪恶感。也许她即使知道也不会有更多的罪恶感），可能他正准备抛弃一切。突然，她觉得父亲变得有趣起来，甚至替父母定制了当时忘了立的墓碑。

她也决定做父亲想做和那位作家已经做的事情：开着一辆"温尼贝格"①前往美国。她将一个人独自旅行。不是在车尾厢里，而是自己开车。她将像空气一样自由，每天早上才决定去哪里，当天是否要去什么地方。

为此，她必须卖掉房子。如果身后有房子，

————————

① 温尼贝格为美国最大的房车公司。

怎么能自由地旅行呢?

　　巧得很,她在布歇维尔最富有的街区拥有最贵的房子之一。她那天刚好去那里,一个房地产经纪人在她的信箱里留了一张名片。

　　她打电话给他。经纪人让她签了一份合同。两天后,她还没来得及打听露营车的价格,房子就已经卖掉了。

　　只需去圣乌尔她当公证人的舅舅那里办一下手续就可以了。

　　房地产经纪人说过来接她,她拒绝了。但知道她有艾滋之后,他提出来送她回家。她答应了,条件是要躺在车尾厢里,就像在她父亲的车里一样。

三条鱼

两个男人告诉这个年轻女子他们是怎么到这里的，她则向他们解释了她为什么喜欢车尾厢：

"在里面几乎什么都听不见。睡得相当好，尤其是对于我这种睡得很死的人来说。"

两个男人点点头，好像这极为正常，他们也经常这样做似的。但马丹心里却在嘀咕："一个发疯的女人。"特雷弗莱则在心里对自己说，下次有机会坐汽车，他也要躺到车尾厢里试试。但他永远没有机会，因为谁也不会请他坐汽车，他也不会请求任何人让他坐汽车。冬天，如果雪下得太大，骑自行车不方便，他宁愿待在家里不出门，他很少有什么地方要去。

好了，大家都知道各自是怎么到这里来的了，但谁也没有主意该怎么离开这里。康迪德提出了几个建议，但马丹似乎很高兴地把它们否决了。

"待在这里，不会有任何结果，必须重新发动渡船的马达。"

"马达完蛋了，因为特雷弗莱往里面倒了汽油。再说了，也没有舵。"

她要求重新试试。结果不行，马达还是发动不了。

"可以划桨。"

"没有船桨。"

"怎么会这样？也许可以用竿子来撑。"

特雷弗莱拿起挠钩，插到湖底，使劲撑，但渡船纹丝不动。

"你们有手机吗？"康迪德问，"我的手机扔在'凯迪拉克'上了。"

特雷弗莱吃了一惊：这么年轻的女人竟然开"凯迪拉克"。康迪德猜到他在想什么，便解释道：

"我父亲有两辆'凯迪拉克'，他就死在其中的一辆里。"

"啊，是吗？"

马丹嘟嘟哝哝从"奔驰"的工具箱里拿出他的手机，按了几个键，没有任何反应。康迪德从他手里夺过手机，一个个地按了全部的键，手机既没有亮，也没有发出声音。

"没电了。"她最后发现。

"我没有充电器。"马丹老实地承认说。

她把手机还给他，走进渡船的船舱里。

"这是什么？"

两个男人没有回答，显然是一个工具箱。马丹把它打开，发现里面确实有工具。康迪德拿起其中一把，仔细察看，然后站起身来，看看四周，想猜猜螺丝刀有什么用，没猜到，于是把它放回原处，又拿起另一把，又仔细察看了一番，然后扔了回去。

"我们至少还有工具。"她最后说了这么一句。

马丹难以掩饰自己的生气，这个年轻女人好像决定从此以后要由她来指挥似的。他差点要发作，但想到他和特雷弗莱到现在为止都毫无办法，不如让她来当头吧，尽管这让他很恼火。再说，在一艘没有马达也没有舵、一动不动的船上当船长，她也没什么好破坏的。

"这是什么？"

她翻出一个瓶子。这是一个水瓶，标签上写着呢！但里面装的真是水吗？很难说。瓶子里的东西只有四分之三，显然已经开过。可能是灯油、擦拭用的酒精、伏特加或是其他无色液体。她把瓶子递给马丹，那动作好像是命令他尝尝，看看喝了以后会不会死。

房地产经纪人的第一个反应是推开瓶子，第二个反应是把它交给特雷弗莱。但他渴了，想留着自己喝，于是他转动瓶盖，拔出来，闻了闻里面的东西。总之不是汽油，也不是酒精，除非世界上有闻不到任何气味的酒精。

他喝了一小口，好像可以喝。于是他喝了一大口。是水。又喝了一大口，确实是水。康迪德从他手里夺过瓶子，递给特雷弗莱。

特雷弗莱感激地喝了一点，瓶子里的水不到三分之二了，他把剩下的递给年轻女人。康迪德看着这两个伙伴。如果这液体会让人致病或死亡，那也不会是马上的事。于是她也喝了，喝光了瓶子里的东西。是水，而且挺好喝。冰冷的。

"有什么吃的东西？"

两个同伴好像没有什么能满足这种愿望，因为什么吃的都没有。他们呆呆地站在那里，垂着双手。马丹甚至张开嘴，就像一个无所事事的人在等待别人喂他。

好吧！康迪德开始寻找食物，希望在冰箱或冰柜里找到些什么。船舱里和甲板上有许多小门，大小不一，她一一打开，结果找到了马达（没用，没有任何可食用的东西）、两个化学灭火器（多余，因为船上连火柴都没有）和一个绿色的塑料箱，里面有一根套管式鱼竿和各种钓鱼用具：绕线筒、鱼钩和一个红白两色的旋转匙钩。一些很有用的东西，前提是会钓鱼，可康迪德从来没有钓过鱼。她父亲不钓鱼，而且她也不知道他有什么娱乐方式，总之，他不带女儿一起去。

"有人会钓鱼吗？"她问。

"钓鱼……"马丹先说，他这辈子从来没有钓过鱼，但他觉得这对他来说应该不是太难。

"我。"特雷弗莱承认说，好像这是一项可耻的活动，因为他觉得只有懒汉才靠钓鱼打发时间。

"那就去钓吧！"康迪德命令道。

特雷弗莱拿起箱子，把管套鱼竿一节节拔出来。

"有船！"马丹突然大喊。

康迪德朝他所看的方向望去。是的，有艘船。一艘大船，像是永远不会沉没的跨洋轮船。船身是黑色和红色的，烟囱也是同样的颜色。必须引起他们的注意。

"爬到船顶上去。"康迪德命令道。

马丹希望这是命令特雷弗莱，但不是：年轻女人看的是他，因为特雷弗莱正忙着准备钓鱼呢！他叹了一口气，脱掉外套，小心地叠好，放在自己的汽车里面，然后踩着栏杆，双手抓住船顶，纵身一跳。康迪德在他屁股上推了一把，让他受了一点刺激，但现在真的不是激动的时候。他上了船顶，一直爬到了中间。

"站在那里，让他们看见你。"

他慢慢地站起来。妈的，头晕了。或者说，晕船。然而，渡船并没有动。可马丹发现，自己爬得比原先以为的要高。如同他曾大胆地爬到游泳池3米高的跳台上。仅此一次。当时他才9岁或10岁。跳台从下面看上去似乎很小，但爬到上面之后，才发现离水面非常高。他不敢跳下去，最后转过身，在同龄男女的嘲笑声中下去了，从此以后再也没有去过游泳池。

他应该早点说他恐高，甚至对不太高的地方也怕。但现在他已经在船顶，承认已为时过晚。

然而，他在的那个地方高得很。简单来算算吧！从水面到甲板足有1米高，船顶高2.5米，他从脚到眼睛也差不多有2米高。所以，我们来看看：起码5米多。难怪他感到双腿发软，头晕目眩。

"发信号！"康迪德在下面喊，她好像在很远的地方，"挥动手臂！"

马丹举起一条胳膊，手可能离水面有6米多。这并非珠穆朗玛峰，可仍然……

"又出什么事了？"康迪德看见他脸色苍白，身子摇摇晃晃。

他恢复了镇静，举起另一条胳膊，终于可以挥动双臂了，同时从左到右，又从右到左，从左……

"扑通！"他掉到了水里，但并没有发觉自己落水。他喝了几口水，感到自己被吸向水底，就像刚才感到朝下面倒一样。他要淹死了，肯定的。

"有人落水了！"康迪德大喊，马丹觉得那声音显得更加遥远了。

很快，他发现头顶抛过来什么东西。

"抓住！"是挂在栏杆上的救生圈。他得

救了，如果头套进救生圈里，他会感到更加安全。他恢复了勇气，把头钻进水里，脚底一蹬。好了，套进去了，没有任何危险了！他的脑袋浮出了水面，两条胳膊放在救生圈上。两只脚牢牢地踩到河底，甚至能走上几步，向渡船靠近。

现在，唯一的危险是那个挠钩，它在他眼睛和鼻子四周晃来晃去，想钩住他的衣服、头发或鼻孔。

"别这样，我踩到河底了。"

挠钩从他眼前消失了，另外两人帮助他爬上了船。他扔掉了救生圈——船上不还有九个吗？而他们只有三个人。

他完全湿透了，马上就哆嗦起来。康迪德帮助他脱掉衣服，他庆幸穿了一条自己喜欢的内裤——蓝色的紧身内裤，能突出他的要害部位。不过现在，也许是因为在冰冷的水中泡了一下，他的"小弟弟"缩得小小的。倒霉。

"阿嚏！"

"快上车!"

她给他打开车门,让他钻进汽车。

"车钥匙在我的裤袋里。"

她把车钥匙递给他。他跨过波箱,把钥匙塞进打火开关,祈祷车里还剩一点汽油。仪表显示,油箱里差不多还有三分之一箱油。汽车发动起来了,暖风立即或者说几乎立即就向他吹来,但他还是打了个喷嚏,唾沫溅到方向盘和充气坐垫的套子上。

"那艘船呢?"康迪德大叫起来,"船要走了。"

她重新关上车门,毫不费力地爬到舱顶,在原地跳动,挥动着双臂,又脱下自己的蓝色外套,挥了足足有五分钟。马丹心想,如果不小心,她也会掉到水里的。但她没能吸引船上任何人的注意。总之,那艘船没有改变航向,也没有拉响汽笛以表示已经看见他们。康迪德从舱顶下来,诅咒道:

"那些可憎可恨的笨蛋,就知道往前看!"

马丹并没有听见她骂人，或者没在意，他陶醉在"奔驰"的温暖中，突然感到很舒服。他几乎一丝不挂，眼前有个漂亮的女子，穿着一条很合身的牛仔裤，黄色的毛衣紧紧地绷在她不很丰满但很结实的胸脯上。

他平生第一次感到幸福，或者说，他终于发现，幸福与他在这之前所追求的东西不一样。雄心、金钱、别人的尊重——这些东西他从来就不多，也没有花太大力气去获得，但他却花了一生中的大部分时间去关心这些东西，其实，脱光衣服，但又不让自己冻着，看着一个女人，这就够了，不再需要任何别的东西。也许这就是幸福。他发觉，幸福，就是什么都不想要，甚至不想要这个对他来说太年轻、太漂亮的女人。他低下头，发现刚才因落水而变小的"小鸡鸡"现在膨胀了，勃起得很厉害，他自己也不知道为什么。因为，如果说他喜欢康迪德，他也不觉得自己想要她。可是，他变长的性器官却在系着松紧带的短裤里绷得紧紧的，好像在用张开的小眼睛放肆地看着他。

他重新抬起头。康迪德没有看他,更没有看他硬起来的性器官,那东西居然在向并没有理睬它的人挑战。

马丹把内裤往上提了提,闭上眼睛,想重新找到幸福的感觉(这确实是一种感觉,而不是现实,他完全清楚这一点。但这能有什么区别呢?)。突然,他的神思被特雷弗莱的一声大喊打断了。

"钓上一条了,钓上一条了。"

一条大鱼,因为鱼竿都弯曲得可以说要断了。康迪德过去帮助那个老渔夫。谁知道呢?也许他会被那条大鱼拖到水里去。

鱼线在水面左右来回,绕线筒吱嘎作响。

"不够紧。"特雷弗莱说。

他加固了绕线筒的卡子,鱼线不响了,鱼也不再四处乱逃了。

"不管怎么说,这是一条大鱼。"康迪德说,充满敬佩之情。

"我不知道。"

几秒钟后，特雷弗莱钓上一条带黑色条纹的蓝色小鱼。这条鱼，充其量也就十五六厘米。

"太棒了！"康迪德欢叫道。

"可以拿它当鱼饵，钓一条更大的。"特雷弗莱建议道。

但他的伙伴们不同意。马丹已经摇下"奔驰"的车窗玻璃，眼睛一眨不眨地看着特雷弗莱和这一水怪进行搏斗。他建议说：

"应该拿来做寿司。"

他很喜欢吃鱼生，但不知道该怎么做。

"好像什么东西放在汽车的发动机上都能煮熟。"康迪德也建议道，尽管她也不知道该怎么做，但想到吃生鱼她就感到恶心。

凑巧，发动机已经热了，正在转动。特雷弗莱在箱子里找到一把锋利的刀，挖掉鱼的内脏，切掉脑袋。

"我用它来钓鱼。"

马丹打开发动机盖，特雷弗莱把盖子掀起

135

来，康迪德伸出一根手指，试试发动机够不够热。她把被切掉脑袋和弄空肚子的鱼放在上面，特雷弗莱放下发动机盖，"奔驰"车的车盖发出一种难以置信的声音（如果能把它叫做声音的话），关上了。

"这需要多长时间？"康迪德问。

没有人回答。

"设一个小时吧！"马丹在他的劳力士手表上设了时间。

在接下去的半个小时里，发动机盖又开了两次，用第一条鱼的头又钓上来两条鱼，放在发动机上面。其中有一条比第一条小，另一条比第一条长1厘米多。

味道一点都不差，尽管没有柠檬，没有盐，没有胡椒，什么都没有。

他们用手指吃。特雷弗莱应该吃最大的那块，康迪德坚持要这样，因为鱼是他钓的。另外两人掷硬币猜正反面来决断。马丹赢了，但他很有风度地把他的那份让给了康迪德。其实大小差不了多少，再说，他觉得自己的肠胃不大舒服，也许是昨天的酒或者是刚才呛的水闹的。

他们可以再吃十倍，但没有了。不过，他们放心了，饿不死了，哪怕救援时间再拖迟。他们在汽车里暖暖的，吃了东西，而且完全有理由相信还会有吃的东西。

马丹又产生了幸福的感觉，但关掉了"奔驰"的发动机，因为油量的指针已经跌到四分之一以下。

所谓的幸福，无非是"奔驰"的发动机继续转动。

夜幕降临了，他们回到车中。马丹穿上差不多已经干了的衣服。康迪德起码递给他五次水瓶，瓶子一空，她就灌满河水。他的胃并不准备接受它，尽管水好像很清，虽然大家都说河水已被污染。

特雷弗莱提起一动不动的渔线，钓了三条之

后就没有再钓到鱼。他用红白相间的旋转匙钩试了很久，但再也没有鱼咬钩。不如把渔线绑在栏杆上，鱼钩上钩点碎鱼头，这样会没那么闷，总之，不会强迫人浪费时间钓鱼。

"如果有船经过这里，"康迪德大声地说，"就要把灯打开。"

"他们不理睬我们。"马丹抱怨说。

"可如果看不见我们，他们的船就会撞上来。"

"他们离这里远着呢！"

"鬼才知道。他们可能会迷航。"

"他们有专业的驾驶员，整天在圣劳伦斯河上行驶，不可能迷航。再说，这里的水也不够深。"

"说得好听。如果你这么内行，我们怎么会在这里搁浅的？"

争吵似乎一触即发。特雷弗莱不喜欢吵架，即使是别人吵架。他不愿意掺和，但这太难了，如果刚好坐在吵架的人后面。于是，他说，也不知道自己脑子里在想什么：

"你们知道我在想什么吗？"

没有人回答他的问题。特雷弗莱习惯了。当他提问题时，很少有人回答。这也许是他也不怎么想回答别人的原因。但现在，他没等别人问，就回答了自己的问题：

"必须发动汽车，然后把电池拿出来，装到渡船的电池那里去。这样，我们既能取暖，又能照明。"

这个主意有点古怪，因为不能让发动机转得太久，否则会出故障。不过，出问题也不怕，反正他们也不想去什么地方。康迪德总是有一些古怪的想法，她其实并不想争吵，既不想跟马丹吵，也不想跟特雷弗莱吵。于是，她大声地说：

"这主意太好了！"

"你肯定电池拿掉之后汽车还能继续开？"马丹问。

"试试不就知道了。"康迪德建议说。

她和特雷弗莱走出汽车，打开发动机盖。

马丹重新发动汽车，根本看不见他们在做什么，因为掀起来的发动机盖挡住了他的视线。不一会儿，特雷弗莱放下发动机盖，挥舞着电池，让马丹看看没有电池他的汽车也能运转得很好。

船舱里有许多小门，康迪德开了几扇，找到了放电池的那扇门。很快，他们就战胜了马丹的怀疑主义：特雷弗莱推上船舱里的开关，渡船角落里的灯亮了。康迪德鼓起掌来，但冻僵的双手提醒她最好还是躲到车子里面去，车子的暖气开到了最大。

她想回到车尾厢去。马丹提醒说，天太黑，进去出来有危险。再说，车尾厢里可能空调暖气进不去，尽管是"奔驰"的车尾厢。康迪德同意在汽车后排睡，两个男人在前面睡，座椅可以后斜。

很快，大家都睡着了。幸福回来了，更美妙的是，"奔驰"的前排，有双声道的呼噜声。

康迪德醒来了，天很冷。不奇怪：汽车的发

动机停了。但她并不担心，而是欣赏了一会儿布满星星的夜空和岸边闪烁的灯光。她看到有艘船静静地在远处经过，也许全生锈了，但看起来很漂亮，因为只能看见它的灯光，它就像一棵圣诞树在水上漂流。

渡船角落的灯光黯淡了。如果继续这样下去，电池很快就会用完了。

在好长一段时间里，康迪德对此并不在乎，但越来越弱的电池让她睡不踏实，于是她走出汽车，把渡船船舱的所有按钮都按一按，但没能熄灭那盏灯。突然，她冒出一个天才的主意：爬上栏杆，拧下灯泡，这样它就不亮了。之后，她回到"奔驰"的后排座位，想重新入睡，但直到马丹的呼噜声和特雷弗莱的呼噜声会合在一起的时候，她才睡着。

一个港口

多纳尔德·拉特拉韦斯从来没有去过三河市，但他知道不远了，因为他远远看到的那座桥肯定是三河桥。来往于索雷尔和魁北克市，只有经这座桥才能穿过圣劳伦斯河，这大家都知道。那个细小的影子，映照着天空的那片灯光，只能是它了。

天已经黑了大半个小时了，他终于全速穿过了整个圣皮埃尔湖。也许太快了。他一直沿北岸的航道中间走，觉得"阿梅丽号"应该漂流到那个地方，因为那里的水流最急。如果它在那里的话，应该看得见；但如果被冲到了南岸，那他就不敢保证它溜不过自己的眼睛了。

他可以返回来，沿着南岸逆流而上。如果"阿梅丽号"上还有人，他们会亮着灯，渡船两角的那几盏灯，他远远就能认出来，尤其是如果船舱里的灯也亮着的话。最倒霉的是，油箱里的柴油快没了，因为油罐车星期四才来圣乌尔，加上电池里的电用不了几天。多纳尔德迟疑着没有换新的，因为摆渡的季节快结束了。

总之，"阿梅丽号"并不是不可能已经朝魁北克市的方向漂得更远。多纳尔德知道黎塞留河平均时速四到五公里，春天发大水时会流得更快，而在8月则会慢一些。但他对圣劳伦斯河的流速却一无所知。大河流得比小河快？还是相反？

从索雷尔到三河市有多少公里？数字在他头脑里乱作一团，他放弃了计算，也放弃了逆流而上的念头，至少不在晚上干这事，况且很有可能汽油会不够，加上他又饿了。

他穿过桥底，这座桥高得他的脖子几乎都要扭断了才能看得见。他朝左边开去，即三河市的方向，寻找一个像索雷尔那样的娱乐港。但找不到，只找到一个真正的港口，停着两艘远洋巨轮。他又往前开了一点，想找一个靠岸的地点，最后终于在水泥墙一样的河堤上找了一个开口。
这是一个斜坡，上面的河堤上有个亭子，写着
"'流筏工号'轮船、'雅克·卡尔蒂埃号'轮
船售票处"。他知道"雅克·卡尔蒂埃号"是一
艘白、黑、黄的巨轮，每年夏天都会来黎塞留河
航行几次。这个斜坡应该是乘客上船的通道，而
船由于冬天肯定已全部入库。把水上摩托放在这
个地方几分钟不会有任何危险，他可以趁这期间
找点东西吃。

水上摩托的小箱子里，有条黄色的尼龙绳。
多纳尔德把绳子在斜坡的栏杆上绕了一圈，然后
一头绑在摩托的前头，一头绑在后头。

他爬上斜坡。上面好像是个公园，到处都
是水泥和假山。夏天，这里应该挤满游客。瞧，
还有个旅游牌子，上面写着"渡船"。多纳尔德
走上前去，借着路灯的灯光慢慢地读着。可惜，
上面讲的只是三河市的渡船。有张"拉迪松"在
20世纪60年代初的照片，那是一艘双甲板渡船，
上面是乘客用的，下面是汽车用的。多纳尔德估

计，可以放三十多辆汽车。

他饿坏了，便走进一条与河流垂直的马路，两边有高大的砖房。看得出都是新的，但也看得出风格是旧的。

有几家饭店，但人太多，他有点害怕。于是继续往前走，拐进一条横向的马路，看见一家像是酒吧的饭店，里面几乎一个人都没有。他推开门。有四个客人，看起来像是外国人。两个没有转过身去的人漠然地看着他，好像在他们所待的地方，每天都看见衣服太大、绷带湿淋淋的人。

多纳尔德走了几步，突然停下来：有人从后面拉住他，他吓了一跳，赶紧回头。其实并没有人拉他，而是他的一根绷带拖在背后，门关上时被夹住了。

四个外国人都朝他转过脸来，轻轻地笑他，然后又继续他们的谈话。

多纳尔德回到门口，打开门，抽出绷带，想绕回脖子上，但必须先脱掉外套。他想撕掉纱布，但这不那么容易，于是他便解开绷带（他有的是绷带），揉成团，想找地方扔掉。

站在柜台后面的一个女人朝他伸出手。他把那团纱布递给她，她随手扔到了她身边的什么地方。多纳尔德在一张圆桌前坐下，问：

"有什么吃的？"

出奇迹了：他竟然能说话了！他痊愈了！

"油炸土豆片和花生米。"

他点点头，不想滥用好不容易恢复的语言功能。那女人给他拿来一袋醋蘸面包片，刚好，这正是他所喜欢的。还有一大碗黄色的花生。

"要啤酒吗？"因为没有人吃咸食而不喝啤酒的。

多纳尔德点点头。

"什么牌子？"

"我不知道。"

她给了他一种红色的啤酒，因为这也是她自己喜欢的。她本来可以给他另外一种更贵的啤酒，但还是不要残酷地剥削一个头上裹满纱布、穿着过大的衣服、几乎从头湿到脚的家伙啦！他好像穿着父亲的节日盛装骑水上摩托逛了一圈。

多纳尔德注意到她看着他左边的衣袖，里面还露出一截绷带。他拉了拉，想扯掉它，但同样也扯不掉。

"我有剪刀。"

她打开抽屉，抓住多纳尔德的左手，剪掉绷带，抽出来，卷成团，把被血染红的纱布扔到柜台底下的垃圾篓里。

"这样您就会好受多了。"

她知道，这有些夸张。但最好还是不要让这个小伙子身后拖着一截截长绷带，就像戴安娜女士在婚礼上拖着白纱裙那样。而且，他比流浪汉更让人同情，不必伸手别人就会把钱塞到他手里。那女人甚至忘了要他付钱。不是的，她没有忘，而是不想问他要。

"你怎么了？"

通常，为了自己的名誉，她是不会用"你"来称呼客人的，除非是熟人。"如果不想亲密抚摸，就不要以'你'相称。"当新来的客人以

"你"称呼她，问她为什么不也以"你"称呼对方时，她总是这样说。但眼前的这个人太可怜了，用"您"称呼他，她说不出口，总不能对流浪狗也称呼"您"吧？

多纳尔德不知如何回答。把自己的故事原原本本地讲出来，从剪钢缆开始，甚至更早，从他跟阿梅丽在"阿梅丽号"上第一次过夜开始说？他不能跟她说他之所以把渡船取名为"阿梅丽号"，是因为有个女人叫阿梅丽。他只是说：

"我在找船。"

"叫什么？"

"阿梅丽号。"

这是他第一次大声地把他的渡船叫做"阿梅丽号"。来不及收口了，这个名字不由自主地脱口而出。而在这之前，它只属于他一个人。

"不过，没有写在船上。"他急忙补充说。

对方摇摇头：

"我没有听说过有一艘叫'阿梅丽号'但没有写在船上的船。"

"那是一艘渡船。"多纳尔德承认说，因为他清楚地知道，对很多人来说，渡船不完全属于船的范畴。

"三河市早就没有渡船了。自从有了桥之后。"

她站起来，请那些波兰或乌克兰或其他地方的水手再喝一巡。她不知道他们从哪里来，她才不管呢！多纳尔德在吧台后面的镜子前照了照。身后的酒瓶把他的脸分割成一块一块的，他发现自己的脸色很不好，其实，他比跟他说话的这个女人幸运多了。不过，跟客人说话是她的职业，所以，这也没什么好惊讶的。

"再来一瓶？"

那个女人回到吧台后自己的位置，问。多纳尔德回答说：

"花生米也再来一碗。"

他从来没有喝过两瓶以上的啤酒，否则会头痛——总是在第二天，有时是当天，假如是在晚餐前喝的话。不过今晚没有太大的关系，因为他已经头痛了。喝多一点喝少一点都没关系。

他一共喝了四瓶。当那个女人赶走外国客人，酒吧要打烊时，她觉得自己不得不把他带走了，因为她问了他许多问题，他只回答说"嗯，嗯"，好像他已经失去语言功能似的。

他们在与港口平行的一条马路上走着，她突然在两栋楼房之间看见一艘平板船顺流而下，上面没有灯光，只有一辆黑色的汽车。

"那会不会就是你的渡船？"

多纳尔德转过身，但太慢了，因为喝了啤酒，或者是因为头痛，又或者是啤酒加上头痛。没有渡船，也没有像渡船的东西。

"不是，不是。"

他跟着这个女人来到一个几乎跟他在圣乌尔的家一样的小公寓。只是，她的公寓下面是一个自动洗衣店。他倒在长沙发上，就像在自己家里。夏天的周末，渡船一直营运到半夜两点，夜归者不让他三点前睡觉。那时，他回家时也就这样往沙发上一倒。

一个身材高大、满脸胡子的男人从房间里出来，就像一个樵夫。他走到沙发跟前，仔细地看着这个小伙子。

"从哪儿找来的？坟墓里？"

那女人从盥洗室里回答说：

"这小伙子丢了渡船。"

"我觉得也是，"男人说，"不过，你应该告诉他，我们家里没有渡船。"

他笑了，但不是太大声。他从柜子里找出一条灰色的被单，盖在小伙子身上，动作很轻，但不像女人那样温柔。一个男人，如果对另一个男人太殷勤，会被人说闲话，尤其是有个女人随时会从浴室里出来，成为见证者。

一城，一岛

"醒醒，伙计们！醒醒！"

由于伙计们没有醒，康迪德·拉贝尔便走出汽车，故意使尽全力关上车门。但"奔驰"的车门并不是专门为吵醒人而设计的。活该，如果他们错过了这场戏。

她以前跟父母一起来过魁北克市，父亲来此巡视他的子公司。汽车开上从莱维到古城的渡船时，她从车尾厢里爬了出来。所以，她现在知道自己在什么地方。不过，她从来没有像这样在半夜里见过魁北克市，在河上，在地势那么低的地方。

但她很快就发现，上面空无一人，下城①甚至连迟归的出租车都没有。现在应该已经很晚

---

① 魁北克老城分上城和下城两部分，下城地势较低，靠近圣劳伦斯河。

了，凌晨三点、四点，要不就五点、六点，因为在11月份，太阳也偷懒起得晚了。

渡船——这里的渡船都很大，可以说是真正的船——全都停靠在岸边，灯光熄灭。丰特纳克城堡俨然一副中世纪大酒店的样子，因为它的窗户几乎都漆黑一片。杜弗林平台空空荡荡。总之，没有一个人在往下面看。下城的路灯洒着橙黄色的光，被雾气弄得朦朦胧胧。

康迪德觉得，圣乌尔的渡船在这里走得比以往任何时候都快。

她听到"奔驰"的车门开了，有人走出汽车，重新关上车门，像她一样靠在栏杆上，但她没有回头。肯定是那个老头，因为他不说话，而另外那个，饶舌得很，如果是他，早就开口了，说些废话，"魁北克市在夜里很美，可惜我们不能在这里停留"，诸如此类。

她抬头看着天空。天上很亮，因为城里的灯光，只有很大的星星才能看得见。稍后，她就将坐在露营车里，行驶在沙漠当中，那里的星星要比这里多得多。但这有什么区别呢？能看到几颗星星就够了。她本来想买张星云图，她在一家商店里看到过一张：转动一个小轮子，就能看到实时实地的天空，上面有每个星星的名字。但她没有买，因为没有亚利桑那州所需的那种。

她慢慢地向左边转过身去。丰特纳克城堡已开始远去。

"我们这是在什么地方？"

马丹也醒来了。他转动点火钥匙，想看看仪表盘上的时间，但想起来电池已经卸掉了，于是走出汽车，像其他两人一样看着那座沉睡的城市。

"妈的，真漂亮！"

这声惊叹不能说很不合时宜。

"你们没感觉到脚下在动？"他又说，好像这只能是别人的错。

没有人回答。半夜时分（可真的是在半夜里还是在三四点钟？）康迪德感到船被波浪击打得摇晃了一下，她从后排座椅上站了起来，朝外面扫了一眼，只看到黑乎乎的一片，远处有微弱的灯光在闪烁。她不相信渡船动了，也没想过只要有一艘大船经过，掀起的波浪就足以推动渡船继续漂流，于是她又睡了。

"这是奥尔良岛。"马丹又说。

无论是那个女人还是那个老头都没有转过身来。他们目不转睛地看着在他们左边慢慢远去的那座沉睡的城市。

"也许我们可以试着在那里靠岸？"马丹建议道，"我是说，在奥尔良岛。"

特雷弗莱终于从另一个方向转过头来。是的，河中间有一大块陆地，一艘没有舵的船很难到达那里，但应该有河床高一点的地方。现在所需要的，是用什么东西让渡船在岸边搁浅。

"用什么东西像锚一样抛下去。那里的河床应该高一些。"

"什么样的东西？"

"我不知道，先找一段绳子吧！"

马丹在船舱里摸到一截绳子，但没有什么东

西能绑上去当锚。

"找个罐子吧!"特雷弗莱建议道。

"罐子?"

"在里面装满水,沉入水底,也许能把船拖住。"

马丹拿起那个汽油箱,往河里倒空剩下的东西,确认里面再也没有汽油,便用绳子打了一个结,系在箱子的把子上;绳子的另一头也打了一个结,系在栏杆上,然后把箱子扔到水里。独自一人成功地完成了一件手工活,他感到很自豪,尽管这肯定没用。

"无济于事。"过了一会儿,他意识到了。

五分钟后,情况好像有变。渡船第一次没有乖乖地顺着流水直直地往前漂,而是有点偏左了,甚至完全停住了。船上的乘客几乎马上就发现了,是的,不一会儿,事情就很明显了:渡船不再动了。胜利了!只要在那里等就可以了,紧靠着交通繁忙的航道,船长或是岸上的哪个人看见了心里都会问:这艘渡船怎么在这么一个地方停下来不走了？

"最好不要让我们等上两天。"马丹嘟哝
道。

天哪！他们开始谈起政治来了。但也难怪，
这是避免不了的，因为下星期就要选举。在这之
前，谁也没有想过这事。对于这些都不知道自己
是否能够及时脱险，前往各自的投票登记处的人
来说，选举没有任何意义。

天开始发亮了。马丹像其他两人一样，看
着奥尔良岛的方向，然后又向魁北克市的方向望
去。他们离岛比离城里近。一个钟楼从薄雾中冒
出来，在阳光下醒来了。尽管已是秋天，树叶都
落了，但那个岛却更绿了。石墙越来越远，但鲜
艳的墙顶还隐约可见。

另一边，魁北克市也从雾中出现了。那天的
这个时候，从这个角度看去，魁北克一点都不像
古城的样子，而更像是一座崭新的城市，几栋摩
天大楼直插云霄，一大片玻璃幕墙在阳光下反射

着光芒。

两边的景色更是美得惊人，我们的三个游人——如果可以把他们叫做游人的话，因为现在他们的旅行似乎没有个尽头——看了都心潮澎湃，不完全是同一种方式，但他们都隐约觉得，如果不是身不由己地被漂流到这里，这两岸的景色对自己来说是不虚此行的。

马丹甚至想发表几句精彩或深刻的评论。他觉得只有他才说得出富有智慧、充满学识的话来。他没有什么灵感，但这并不妨碍他轻声地说：

"这是现在的魁北克的象征。"

他等着有人要他解释这话的意思，但康迪德和特雷弗莱都没有问，好像他们马上就明白了似的。他认为这是不可能的，觉得自己有责任把谜底告诉他们：

"一边是昨天的魁北克，另一边是今天的魁北克，但谁也无法同时看到两边。"

特雷弗莱不怎么相信地点点头，好像他弄懂

了一个他完全不在乎的事实。不过，康迪德却皱起眉头，思考了一会儿，想弄清马丹这句话的真正含义。

"我不认为是这样。"

轮到马丹皱眉头了，他听着康迪德解释：

"很多人看世界都是这样，好像非要在白和黑、是和不是、过去和未来之间做一个选择。世界没这么简单。"

马丹一直是独立派[1]。虽然他从来没有参加过斗争，也没有参加过游行，经常拖延更换独立党员证的时间，但他一直投独立党的票。他有时会充满激情地参加政治讨论，但只跟意见相同的工友讨论。这样，他就可以表达自己的主张而又不激怒任何人，避免争论，避免被迫说一些他从来没有过说的东西，或思考一些他从来不想去思考的问题。

今天早上，他显得非常尴尬。他与年轻人交往过，知道他们更多是支持独立派而非联邦派，

---

[1] 魁北克省为加拿大的法语省，多次想通过投票获得独立。

但他对独立的理想有点失去耐心，只想尽快翻过这一页，谈论其他事情。

怎么办？继续谈论不知道最后会扯到哪里的问题？还是像以往一样，眼看不能在争论中占上风就改变话题？

马丹扫了特雷弗莱一眼：就他的年龄，他十有八九是联邦派。

"瞧，有只鹤！"马丹抬起手，指着从他们眼前飞过的一只大鸟。

"这不是鹤，而是河鸥。"一直闷声不响的特雷弗莱指出，他觉得关于鸟类的话题并不比谈论政治更有趣，只有那些自以为比别人懂得更多的人才对这类问题感兴趣，并且拿这些问题去烦那些对此一无所知的人。

"船动了！"突然，康迪德大声地叫起来。她尽管不想老谈这个问题，但也不想改变话题。

"根本没动！"马丹否认道，这纯粹是为了反驳她，因为他不知道还有什么话题比这更重要。

但他很快就不得不承认自己的错误了：船真

的动了，甚至连特雷弗莱都已经在收回绑着装满水的汽油箱的绳子了。他收的时候毫不费力，因为绳子的尽头什么都没有了。

"谁打的结？"康迪德问，她知道肯定不是自己。

"绳子肯定断了。"马丹说，他知道绳子是他绑的。

不管是结没打紧还是绳子不牢没绑紧所谓的锚，反正渡船又开始动了，直接向奥尔良岛漂去。不过，如果能在那里搁浅，那倒是好事。

岛的尖端真的快到了。什么东西——也许是一块岩石——刮到了船底。

"我们要搁浅了！"马丹兴奋地说，他显得特别高兴，正因为他没有系紧"锚"，船才会搁浅的。

他说得对，渡船又停了下来。船身刮到了岩石，渡船不再漂移。

"我们得救了。"马丹又说了一句，想让自己确信这一点。

确实，岸上的人不可能看不见他们，因为他们离岸很近了，不到200米。岸上有条路，很快就会有汽车经过。他们还看见一座屋子，屋后就是河堤，河堤上系着一条小船，很快就要入库过冬了，但必要时，并不妨碍拿它来救他们。

就在这时，来了一辆汽车，是从右边来的。渡船上的三个人立即跳起来，挥着手臂大声喊叫。但汽车径直经过，丝毫没有减速。

"混蛋！"马丹低声骂了一句。

"还会有其他车来的。"康迪德说。

他又乐观起来，因为等了好一会儿之后，真的又来了一辆车，这是一辆黑色的大汽车，后面跟着一辆装满花圈的灰色汽车：殡葬车。

他们又跳起来，同时挥着手。大车开过去了，没有减速，也没有注意这些遇险者。不过，车队过后，至少有两辆车的司机摇下了车窗。他们也扬起了手，以友好的动作回应这三个伤心者的手势，但谁也没有停车。

汽车远去了，遇险者不再跳跃。在十多分钟

里，再也没有汽车经过。突然，康迪德又大叫起来：

"船动了！"

是的，渡船又在激流中漂移了。马丹想，是否必须有人跳到水里去，走到岸边。水很冰，但应该还是没有问题的。他要建议一下——建议康迪德去。说到底，她最年轻。她甚至也跟他想到一块去了，但就在她做出决定之前，船已经开始动了。她说：

"漂的方向是对的。"

渡船摆脱泥沼后，没有朝右边靠南更宽的河面漂移，而是朝北而去。远远地，已经可以看见蒙莫朗西瀑布的白色飞流了。

渡船从悬桥下通过，甚至都没有擦到桥墩，继续前行。它的北岸是高速公路，南边是岛上的村道。

马丹又试了试手机，还是没有电。这问题不大，因为很快就会重新搁浅。

一个小丑

多纳尔德·拉特拉韦斯睁开眼睛，不知道现在在哪里。尽管头痛，但他仍然想起来马上要做什么和昨晚本来应该做什么而不应该喝得像醉鬼似的：找回"阿梅丽号"。他坐起身来，房间里黑乎乎的，只有路灯透过软百叶的窗户投来一点光亮。

不过，这已经足以让他找到门口了。可他找到的是厕所的门。他顺便进去撒了个尿。

接着，他又推开了另一扇门，房间里躺着两个人。他没有再关门，怕吵醒他们。

终于，他推开的第三扇门通向一座楼梯。他很幸运，因为这座楼梯恰好是出门上马路的。

不过，他不知道哪边才是河流。然而，他的运气又来了，因为那个酒吧女的公寓面向一条马路，而这条马路的两栋楼房之间有个空缺，刚好可以看到圣劳伦斯河。

他向港口走去。他的水上摩托系在"雅克·卡尔蒂埃号"轮船的上船坡道上。他看见了那个售票亭，马上在河堤上跑起来。在这个点上，没有任何船只。可谁知道呢？"雅克·卡尔蒂埃号"也许压烂了他的水上摩托后靠岸了，然后又走掉了。

水上摩托还在，在他所绑的地方。他松了一口气，走下斜坡，解开绳子，跨上摩托，发动了马达，犹豫了一会儿之后，便转动了加速手柄。是否还是向索雷尔的方向逆流而上呢？昨天，他有可能超过了"阿梅丽号"而没有发现它。另一方面，如果渡船沿着三河市往下游走而他没看见，那是因为它漂移的时候他睡着了。如果弄错了方向，他永远也追不上。

去魁北克市。不管怎么说，他觉得今天早上感觉好多了，头不再痛了，他将一直前往省府。如果到那里还赶不上"阿梅丽号"，他就掉头到圣皮埃尔湖边仔细找，白天应该看得更清楚。如果还是找不到呢？他浑身颤抖起来。他将做本来就应该做的事（而不是逃出医院）：向水上警卫队报案。他肯定会被打发出来：去年夏天，跟吉尔闹了一阵之后，他叔父曾对他说："又干了一件蠢事，现在该结束了。你明白了吗，多纳尔德？"没必要说明什么事该结束了。

　　很快，天就很亮了，河道也窄得足以发现渡船，假如渡船在那里的话。可惜渡船不在那里，于是多纳尔德把摩托的油门加到最大。

　　他认出前面就是魁北克市。他从来没有去过那里，不过不会搞错，那里只能是魁北克市，他在电视上看过。他刚刚从两座桥的底下穿过，一新一旧，但比索雷尔的大桥，甚至比三河市的大桥要大多了，也宽多了。而且，这里有很多渡船。要不是它们在两岸之间摆渡，他会误以为是海轮——船太大了。

　　渡船的甲板上，有些游客在拍照。他们也许以为他是个雇来的小丑，来逗渡船上的乘客开心的。他化装成19世纪的木乃伊，太像了。魁北克的人却不把他当一回事，一个骑水上摩托的小丑，他们才不感兴趣呢！他们甚至都有点讨厌这类滑稽行为了，但他们的城市鼓励这样，以吸引游客，留住游客。

多纳尔德犹豫不决，他松开油门已经好一会儿了。他曾打算，如果找不到他的"阿梅丽号"，他就在魁北克掉头了。但他的第六感告诉他，渡船往下游漂得更远了。如果这艘大船不是噪声那么大的话，他都想问问甲板上的人，是否看见一艘小渡船经过，上面什么都没有，只有一辆黑色的汽车。

他加快速度，继续直行。

很快，他的左边出现了一个大岛，他不知道这就是奥尔良岛，根本没想到"阿梅丽号"有可能会在岛的另一边而不在航道上，因为，如果是他开渡船，他肯定会在航道上行驶。

在这个可以说是无穷尽的岛屿尽头，河流又开始变宽，浪也更大了。多纳尔德这才发现人们为什么那么喜欢开水上摩托：人在水中向四面八方摇晃。当摩托飞离水面时，马达会发出低沉的声音；当摩托重新沉入水中时，马达又会断断续续地响起来。

多纳尔德差点要承认，开水上摩托比开渡船有意思多了。

不过，一幅景象硬是出现在他眼前：他的渡船仿佛在暴风雨中的海洋里遇到了狂风巨浪，"阿梅丽号"似乎不再那么结实、那么稳定、那么能够迎风斗浪，而是船中进水，断成两截，倾覆或同时进水、断裂翻船。

这足以剥夺他开着水上摩托溜达的乐趣。

一场洗澡，然后是一头鲸

总之，这很让人灰心丧气。他们绕过奥尔良岛，漂流在一条越来越宽的河流中。时间一分一分地过去，没有人来救他们。现在，他们已经到了圣劳伦斯河的中央，远处的村庄已经变得很小，这可以理解，可在这之前呢？从奥尔良岛或是岸边完全可以看到这艘渡船在那里无所事事，渡船上的人挥着双手在甲板上跳，一点都不想再待在那里。

可是，没有一个人看到他们或者说注意他们，或觉得他们所做的这些动作并不是友好的问候；大家都认为，如果他们自己都不打电话报警，谁会打电话呢？

马丹的情绪真的很低落，特雷弗莱还是像以前那样无动于衷，康迪德仍面带微笑，有时还闲聊几句，尽管两个同伴回答她的不是低怨声，就是叹息和沉默。太阳现在已经升得很高了，乌云消失了，天可以说很热。

"你们多长时间没有淋浴了？"

两个旅伴惊讶地看着她：现在这个时候谁还关心个人卫生呀？他们闻不到自己身上的味道，也闻不到对方身上的味道，而对于她，他们没有闻她身上的味道。这样一切都很好。

"或者泡澡？"

马丹支支吾吾地说：

"两天。"

特雷弗莱想了一会儿，他扳着指头在数。当他数到第二只手时，康迪德说：

"我呀，我要洗澡了。"

说着，她就开始脱衣服。

"水很冷。"马丹反对说，几个小时前，他还准备让她跳到水里去呢！而那时的水并不比现在热。

不一会儿，他就不想再反对了，因为康迪德屁股靠在"奔驰"的发动机盖上，脱掉长裤，露出了细长的双腿。他自出生以来，就没见过这么长、这么漂亮的大腿，甚至在家庭影院的电影中也没见过。

看见几根黑色的阴毛从短裤中露出来，他不禁咽了口唾沫。特雷弗莱扭过头去，然后又扭过来，看着原先的地方。

康迪德脱掉了外套，然后是黄色的套头毛衣。很不幸，两个男人心想，她戴着胸罩。但她把胸罩也摘了，露出两个小小的乳房，滚圆、红色的乳头就像照着圣皮埃尔河的一轮夕阳。他们应该费了不少劲才把目光移开，逼自己看着她肚脐上的三个金脐圈。

"你们来吗？"

"你会淹死的。"

"水太急了。"

康迪德耸耸肩，甩甩红色的头发，跑了三步，头朝下跳入水中。

两个男人惊呆了，很难从刚才的景象中缓过神来。特雷弗莱抓住挠钩。

她去哪儿了？他们在水面上搜索了很久，心里在问。

他们用目光又搜索了很长时间，水面上还是静悄悄的，两个男人心想，她不会被淹死了吧？

"康迪德！"马丹大喊。

"拉贝尔小姐！"特雷弗莱也喊道。

"康迪德·拉贝尔！"两人齐声大喊。

她很可能被淹死了。

"他妈的，他妈的，他妈的。"马丹哀号道，特雷弗莱则一声不响。

马丹看着自己的劳力士表，盯着分针完整地走了一圈，以确定时间并没有走得比他感觉的更快。

"那是什么声音？听！"

特雷弗莱伸长耳朵。是的，渡船的甲板底下好像碰到了什么东西。触到河底了？不可能。他们正在河的中间。特雷弗莱走到前面，在船边伸长身体，想看看底下有什么。

"冷死了。"

是康迪德的声音。两个男人转过身来：她双手抓着渡船的另一头。马丹赶紧跑过去，抓住她的手腕，帮她上了船。她像小狗一样抖掉身上的水，乳房却几乎没有抖动。

"你疯了？"

"你也觉得？"

她的皮肤变得跟她的头发差不多红。特雷弗莱给她披上蓝色毛皮的大衣，马丹把她推进汽车，又越过她的身体，伸出一只手，想用钥匙打火。但油箱里早就没有汽油了，发动机盖下面也早已没有电池。

康迪德从波箱上面爬过去，在司机的位置上坐好，马丹坐在她旁边。

他用眼角看到她用嘴哈着双手，大衣半开半遮，露出一个小乳房，又圆又尖。该死的，她为什么要戴胸罩呢？他心想，旋即又在心里骂自己，真是头蠢猪。特雷弗莱在后排坐下，什么都看不到。活该。除非从倒视镜里……是的，这完全可能，因为他看起来就像个从倒视镜里偷看女人乳房的人。

"总的来说，船底好像很结实，几乎没有生锈的痕迹。"康迪德说，像巡查回来的工程师。

"没有洞吗？"特雷弗莱担心地问。

"我没看见。"

马丹张开嘴想骂特雷弗莱平白无故地让他移动"奔驰"，弄得左边的车门开不了，总是要越过波箱来发动汽车，真是烦人。油箱里确实没有油了。康迪德没等他开口就问：

"你们知道我们回去后我将做什么吗？"

他们摇摇头，不敢说现在就做回去后的计划未免为时太早，因为回到坚实大地的希望似乎越来越渺茫。

"我要嫁给你们两人中的一个。"

对于这两个男人来说，能够娶康迪德是最渴望不过的了。想到这美好的前景，就足以给他们以平安回去的动力。马丹很快就相信，康迪德只能嫁给他。那丽丝怎么办？离婚不就得了。她已经离过一次。特雷弗莱也认为如此，显然，新郎只能是马丹。算了。

康迪德解释说：

"如果我死了，我所有的钱将全部充公，不如给你们当中的某个人。如果结婚，处理起来就容易得多。之后，你们爱怎么分就怎么分。"

特雷弗莱并没有意识到这个年轻女人有多富裕，所以没有任何反应。而马丹是知道的，他想："这个特雷弗莱，他肯定也会追的！"

"我甚至觉得，"康迪德又说，"我们可以在水上结婚，在这里。这样，如果我马上死去，你们当中的某个人就可以继承我的遗产了。"

她轮番看着两个男人，直接看着马丹，从后视镜里看着特雷弗莱。他们好像不敢相信自己的耳朵。

"真的。在船上，船长有权举办婚礼，我在电影里看过。不是在《泰坦尼克号》里，那部电影里没有婚礼。电影中的船上婚礼是什么样的？你们就不能帮我吗？"

两个男人没有帮她。

"让我想一想，"康迪德又说，"你们两个人当中，谁是船长？"

两个男人都没有回答。不过，他们俩都想大声地喊道："不是我，是他！"

他们转过身，靠在栏杆上，想看一路的景色，心想，如果再看到船，还应该努力吸引船员们的注意，哪怕没有任何效果。谁知道呢？突然，康迪德指着水面，那里有个地方在冒水泡：

"那是什么？"

两个男人往同一个方向看去。

"一头鲸！"马丹随口说，他对哺乳动物的了解并不比对鸟类多。

但这次，他说对了：一条巨大的尾巴划破水面，竖起来，在空中待了一两秒钟，然后回到水里，没有留下波痕。这只能是鲸或是类似鲸的东西。

"我见到鲸了！我见到鲸了！"康迪德说，"这最终还是一场美好的旅行，不是吗？"

　　两个男人笑着点点头。是，这是一场美好的旅行，因为他们不但看到了鲸，而且看到了康迪德的酥胸。

　　一场极其美好的旅行。

一个蜂箱

一天，特雷弗莱问母亲为什么为他起这个名字。他希望母亲能告诉他，这是因为三叶草①，她最喜欢的花。

但母亲却说："这是因为你父亲欠你叔父100加元。"

他缠了很久，母亲才告诉他，世界上还有另一个特雷弗莱·耶尔，后来通过联姻成了他的叔父。有一天，他借给还没有成为她丈夫的莫里斯·耶尔100加元。

那100加元没有归还。阿尔玛和莫里斯结婚那天，叔父公开向他们要了。白搭，因为莫里斯甚至连5加元都没有。于是，特雷弗莱叔父大声地说：

"首先，你要叫他特雷弗莱。"

---

① "特雷弗莱"与法语"三叶草"发音和拼法相似。

大家都明白，他说的是阿尔玛和莫里斯的长子。

莫里斯马上跟新婚的妻子耳语了几句。妻子已经怀孕四个月了，尽管看不大出来，但很惹人注意。

"最好是个女孩。"

但事实并非如此。他不得不把孩子叫做特雷弗莱。

当特雷弗莱·耶尔从母亲那儿得知，自己的名字来自叔父，他便一直想问，叔父为什么取这个名字。

就是这样的啦！算了。而且，大家都有数不清的其他秘密和没有答案的问题：为什么我不是女的？我为什么是我而不是邻居家的小子？为什么老人会死？不过，他觉得这些问题，只有他会去想。甚至在他被送去寄宿的阿松普松中学，也没有人关心生与死这样重大的问题。不比圣罗什人更关心。

特雷弗莱在班里不是最好的，也不是最后

一名，但离最后一名也不远。他的学费是叔父付的，只因为他用的是叔父的名字，这肯定会让叔父感到自豪。但他并没有在学校里待多久，尽管他每年花的钱不到400加元，包括吃、住、洗衣，外加学费，当然，他学得也不多。

特雷弗莱叔父死于心脏病突发，当时，他的侄子刚刚产生了一项业余爱好：写诗。叔父已经付了全年的学费，莫里斯·耶尔便设法让儿子退学，并要求校方退回剩下几个月的学费。遭到校方拒绝。特雷弗莱读完了四年级，但没有继续上五年级，因为父亲认为儿子上学没有用："你写的东西像这样已经够好了。"

退学后，特雷弗莱在圣罗什的一家杂货店当送货员，主要是搬啤酒箱。他几乎不花钱，到了18岁，存的钱已经够买一辆车了。他买了一辆旧车，但性能很好。

他希望有了这辆车可以吸引女孩，但那辆车太老、太难看了。他本人也一样。说他老，并不是通常意义上的老，而是指他的思想。他很少微笑、跳舞、说话，连看都不怎么敢看女孩子，所以很难博得同龄女孩的喜欢。总之，他不好看，但不是真正意义上的丑，只是脸上有青春痘（即使没有青春痘，他也就那个样），一副惊慌不安的样子，鼻子有点钩，非常长，或者说，那种鼻子，女孩子一看就不会喜欢。

所以，他的青春期相当孤独。比他死于车祸的父亲和之后不久因家中失火而丧生的母亲还孤独。

他把家中的地产卖了2000加元，买了一栋破屋，离村里有点远，靠近一条小溪，溪水是黑褐色的。他当时已经31岁了，老房东把房子卖给他时把蜂箱也留给他了。于是特雷弗莱当了养蜂人，成了"三叶草蜂蜜"专家，他也没想过为什么。

一天，他去特郎西的一家天然食品店卖他的"三叶草蜂蜜"，回来的路上，看到有个年轻女孩在高速公路口竖着拇指拦车。

他让她上了车。在之后的二十年当中，他

想破脑袋也想不起来，他完全记不起后来发生的事了。

11天后，那个女孩被发现死在一间枫糖屋^①里。没被强奸，仅仅是被勒死了，如果在此类案件中能说"仅仅"的话。

第二天，特雷弗莱·耶尔在报纸的头版看到了那个女孩的照片。他被逮捕了，因为他家离枫糖屋最近。

由于他什么都想不起来了，天生又沉默寡言，很容易什么都不承认。警方给他设了很多套：你的汽车轮子的印子为什么跟枫糖屋旁边发现的车印一样呢？那个女孩是特朗西的，在她死的当天你去过特朗西，这怎么解释？

对于每个问题，特雷弗莱的回答都很简洁："我不知道，我不过是去那里卖蜂蜜。"

说穿了，这些都是陷阱，大雨冲刷了枫糖屋旁边的车轮印，而且也不很确定那个女孩是哪天

---

① 制作枫糖的地方，往往在枫树林中。枫糖是加拿大的特产。

死的。最后只能把他放了，但魁北克警察局的一个警长在他临走时悄悄地对他耳语道：

"你等着好了，我们总有一天会把你抓回来的。像你这样的人，迟早会被收监的。"

确实，警方有许多办法来给一个公民设置障碍，不管他是不是诚实。首先，因为一些小事而大开交通违章罚单：有一盏车灯不亮；在限速50公里的区域开到了52公里；出了高速公路服务站就左拐……

但他最后还是没有被抓进去。首先，特雷弗莱·耶尔是一个遵纪守法的公民。再说，他从警察局里出来之后不久，他的旧车就报废了，他改骑自行车了。由于他总是靠右行驶，在圣罗什见到停牌就停，转弯时总是伸出胳膊示意，警方没有办法抓他。每星期三晚上，他都到河对岸喝啤酒，度过一个安静的夜晚。圣乌尔的酒吧女侍应会来为他服务，而在圣罗什，他招一个小时手也没有侍者过来理他。在圣乌尔，人们也知道那个女孩被勒死的事，知道他不是"当地人"，但他们不管闲事，像对待任何人一样给他上啤酒。

十多年后，当年办案的警察纷纷退休了，他们告诉新来的警察说，特雷弗莱·耶尔是个没被抓进去的杀人嫌疑犯，但新来的警察对这个旧案不怎么关心，因为跟他们没有半点关系，而离开的警察则后悔没能彻底破坏这个可恶的特雷弗莱的生活。

其实，他们已经完全达到目的了。

这些年来，特雷弗莱生不如死。一看到警车，就足以勾起他的回忆。每当他想起那个女子的膝盖——她穿着超短裙，他便想起她指甲鲜红的左手在烟灰缸上面弹着香烟，他去摸变速杆的时候会碰到它。他甚至想起来自己平白无故地故意加速，唯一的目的是碰一碰她的手和她的指头。他还想起来自己不敢去看前面的道路，也不敢看那张脸和她的胸脯，只敢偷偷地用眼角扫一眼；他好像还问过她一个问题，因为她用沙哑的声音回答了一声"是"。但问的是什么问题，他已经记不清了。

后来，便什么事也没有发生了。连一个黑洞都没有，仅仅是一个"无"。没有声音，没有图像，没有气味。在那声"是的"和他回家之后的这段时间里，什么都没有发生。他把卖蜂蜜得来的钱放在木架上的一个糖罐里。

他会对那个女子做了什么呢？

他不可能对她做了什么事，因为他什么都想不起来；他也不可能对她什么都没做，因为他觉得自己忘了什么事情。

几乎每星期三晚上，他都去圣乌尔喝4瓶啤酒。在那里，人们不会注意他。他等待酒精让他忘了一切或想起一切。但这完全无济于事，也许是因为他喝得太少或太慢。

除非是因为他没有任何东西可以回忆，也没有任何东西可以忘记。当他乘渡船回圣罗什时，他宁愿事情是这样的。

一只短毛猎犬经过那里

当特雷弗莱·耶尔执着地在黑色的水中抛撒钓钩时（尽管没有鱼上钩），马丹从"奔驰"的工具箱里拿出一张魁北克公路图，试图在上面找出渡船的前进路线。很容易，只需沿着奥尔良岛往前找；接着，他正确地找到了拜圣保罗和库德尔岛。但远在发现鲸之前，情况就复杂起来，因为他们离城市和村庄太远了。

"这是三元镇。"他指着里维耶尔–迪卢对面说。

"哎，那是什么？"康迪德问。

在他们正对面的水中，有个什么东西在动，一个比河水更黑的东西。

"一只狐狸。"马丹推测。

"会不会是一只狗？"特雷弗莱·耶尔说，但他又不敢反对。

他说得对：是一只狗。特雷弗莱·耶尔抓住它的尾巴，把它提到了船上。

黑色的小狗抖动全身，把大家都弄湿了；然后坐下来，伸出舌头，摇着尾巴。

"我还有一条'努特里巴'①。"这时，康迪德说，她很久没有说谎了，觉得自己受够了，"谁能告诉我河中间为什么会有一只狗，我就把这条'努特里巴'奖给谁。"

马丹想了一会儿。一条"努特里巴"，太不够意思了，但毕竟能填饱肚子，填饱几个小时。

"我认为，是从偷猎者的船上掉下来的。不管是猎人还是渔夫，反正是非法的。

"你呢，特雷弗莱·耶尔先生，你怎么认为？"

特雷弗莱不想回答，他不知道"努特里巴"是什么东西。但他最后还是回答了，因为对方在有礼貌地问他。

"照我看，如果盗猎者发现狗落到水里，

---

① 一种食品牌子，其中巧克力条或花生条最为著名。

他很快就会把它捞起。一定是从渡船上掉下来的。"

"这么说，他是另一艘渡船上的狗。我将把'努特里巴'给特雷弗莱，除非我没有。"

马丹不信，抓起他的这位女客户的手袋。根本就没有"努特里巴"的影子，倒是有一包香口胶，剩下三片。很容易平分，不会有任何意见。这是无糖香口胶，但毕竟能让人忘记饥饿，而且，能让牙齿咀嚼咀嚼，省得它没事干。

"我想，这是一只短毛猎犬。"特雷弗莱抚摸着小狗湿漉漉的头，说。

"怎么叫它？"康迪德问。

"有什么意义？"马丹打着哈欠，问。

"叫它'三元镇'。"康迪德做出了决定。

于是，这只小短毛猎犬便被叫做"三元镇"，因为它是从里维耶尔–迪卢对面的河里救起来的。

室外烧烤

在马塔讷，多纳尔德准备住在河边的一家小旅馆里。他用维萨卡付了房钱。那是他从同房病人裤袋的钱包里找到的。

在这之前，每次要给水上摩托加油，他都用那个病人的现金支付。这次，他迟疑了一下。用现金归还起来方便一些，信用卡比较麻烦，因为发票不是寄给他的，而房费又比汽油费要贵，可他别无选择。幸亏，柜台的女人没有拿他的笔迹与拉里韦先生的笔迹做对比。

在浴室里，他脱掉上衣，解开了剩下的绷带，只留下头部的包扎。他猜想，那里一定有一道很深的伤口，因为一碰就疼。而且，淡红色和灰色的纱布上还渗出一些新流的血。他试着用一截刚解下来的纱布包一包，但不到一分钟就又松开了。

一点钟的时候，他看了电视新闻。没有关于失踪渡船的消息，这意味着，他仍然可以在叔父不知道的情况下找到渡船。只要稍微有点运气，他就可以找回"阿梅丽号"，把它拖回圣乌尔，谁也不知道它去过哪里，除了维萨公司的老板们。还有乘客，如果渡船上有乘客的话。

第二天，他醒来时，太阳已经升起。他在旅店旁边的一家餐馆吃了早点，问别人昨晚是否看到过一艘渡船经过。看到过，看到过"戈德堡号"渡船，还有"科莫湾号"渡船。

"'戈德堡号'渡船是什么样的？"

"船身是蓝的，上面是白的。"

"'科莫湾号'呢？"

"一样，是同一艘。它先去戈德堡，然后回马塔讷，接着又从马塔讷去科莫湾……"

"你们有没有看到过一艘红蓝白的渡船？"

"没有。只有'卡米尔·马库号'从这里经过。"

多纳尔德还在犹豫。人们没有看见"阿梅丽号"，不等于它就没有从这里经过。他决定在回索雷尔之前再往下游走一段。

不过，他并不想真的往前走。他从来没想过自己有一天会跑得那么远，越来越觉得再往前走这主意不妙。

康迪德醒了，她曾坚持要到车尾厢去睡，但两个男人死活不让她去。

"奔驰"的发动机已经转动，车里温暖而舒适。她站起来，两个男人已经走出汽车。她披上大衣，也走了出来。

"啊，你们在这里。"她在渡船的船舱里见到了他们，"今天上午我们到了哪里？"

马丹连忙把自己研究地图以后产生的想法告诉她。

"在我看来，往这边走，是去加斯佩；往那边走，应该是去北岸或是安蒂科斯蒂岛，要不就是拉布拉多。一切都取决于流速，不算来自西边的风。"

"好香啊，哪来的香味？"康迪德问。

马丹显得有些不自在，或者说闷闷不乐。康迪德想找个理由活跃一下气氛。空气中传来很诱人的肉香，没得吃有得闻总比没得吃也没得闻好。

"安提科斯蒂岛上有人在烧烤，"她笑着又说，"或者是拉布拉多。"

这时，她发现这两个男人在躲避她的目光。

"怎么回事？"

"烧烤……"特雷弗莱开了个头，却没有讲下去。

"它在'奔驰'的发动机盖底下。"马丹突然补充，既然迟早都得承认，不如现在就说。

康迪德向汽车转过身去，一缕烟雾从汽车散热器的保护栅里冒出来。

"这不是真的。你们竟然……"

"我们成功地从渡船的油箱里抽了一点汽油。"马丹解释道。

事实上，他感到很自豪，因为这太了不起了，尽管是特雷弗莱的主意，而且事情也差不多都是特雷弗莱一个人干的。他们把电池搬回"奔驰"车中，还剩下一点点电，刚好够发动汽车。现在，电池已经充足电了。

"你们杀了'三元镇'？"

"是这样，"马丹结结巴巴地说，他想来点小幽默，"也许我们应该把它叫做'马塔讷'，或者是'加斯佩'。"

"你们这两个魔鬼！"

"可它也饿了。我们没有东西给它吃，甚至连水都没有。不管怎么样它都会死，不如给我们吃。"

"这不是理由。"

烧烤持续了两个小时，在这两个小时当中，康迪德一直不理睬他们，但后来又向他们要了她的那份，吃得津津有味。

"我父亲告诉我，在有的中餐厅里，猪肉其

193

实是狗肉或猫肉，所以我从来不去中餐厅。剥皮
难吗？"

马丹应特雷弗莱的要求，抓住鞋带的一头，
帮助他勒死了那只狗，然后又跟他一道，一个抓
皮，一个割肉。今天上午，他的胃口不怎么好，
加上船又在摇晃。想起被他剥掉皮的那只狗，他
无法咽下塞到嘴里的狗肉，便吐到了水里，接着
把已经落到胃里的狗肉也吐了出来。

"剩下的我们给你留着，还是帮你吃掉？"
康迪德带着一丝嘲讽，问。

他没有回答。

"先不谈这事了！"

"假如到了英国，"马丹开玩笑道，"我不
会感到太奇怪。"

"英国？我太喜欢了。"

康迪德不懂英语，但想到将搁浅在英国，她
并不会不高兴。到了那里之后，她会给自己买一
把雨伞。

不管怎么说，这场旅行还是有好处的，因为自从父亲去世后，她就决定要好好过日子。现在，她已经卖掉了拉贝尔家族的企业，过的尽是好日子。她重新找到了和男人一起生活的乐趣，就像当初她当刮窗工的时候那样。说不定她会带走这两个男人当中的一个，坐着她的房车去美国，然后跟他结婚；或者去英国，如果经过那里的话。

马丹还是特雷弗莱？这可不好选，两个人都很老，有点迟钝笨拙，但方式不一样。可能选特雷弗莱，他静一些……

马丹开始意识到，她真的有可能会把他的玩笑当真，于是笑着说：

"不，不是英国。你怎么会以为我在魁北克的公路图上能看到英国呢？"

"那……那块陆地是哪里？"

哦，对哦，太奇怪了：远处，有一条像是陆地的东西，但他们是反方向走，完全不可能去那里。

"安蒂科斯蒂岛，"马丹胡乱瞎猜，"或者是拉布拉多，或者是玛德莱娜岛，或者是海地，因为我知道有这些地方。"

康迪德笑了。太棒了，11月份，差不多12月，去海地多好啊！不过去拉布拉多也不错，总比哪儿都不去好。

特雷弗莱爬上船舱的舱顶，因为在那里可以把鱼钩甩得更远。他把线松了，让它被拖了很久，然后突然大喊：

"我钓到一条了。我想，很大一条。"

确实，他的鱼竿都快弯成两半了，很可能又是一条小黄金鲈，如果在拉布拉多和海地之间的什么地方也有这种鱼的话。

"快来帮我。"他又叫道。

马丹来不及想，就爬上去帮他。上面摇晃得很厉害，他一站起来，头就又晕了。

"你想我怎么帮你？"

"抱紧我。"

　　马丹站在特雷弗莱后面，拦腰抱住他，在舱顶站稳脚跟，死死地抱着，结果，特雷弗莱落到了水里，他也跟着掉了下去。

　　水很冰，比圣皮埃尔湖里的水要冷。马丹第一个回到船边，因为他只要伸出手就可抓住渡船的船头。他爬上了船。康迪德抛了两个救生圈，但抛得太远了。她又伸出挠钩，但操作失误，碰到了特雷弗莱的脑袋，差点把他打沉。马丹从她手里夺过挠钩，在特雷弗莱完全消失之前，成功地钩住了他的夹克衫。

　　马丹把他拉到船边。

　　"拿着，"他说着把挠钩递给康迪德，"拿紧了，别再乱打了。"

　　"我又不是疯子。"

　　马丹弯下腰，抓住特雷弗莱的衣领，使尽全身力气，终于把他拉到了甲板上，没有让他的脖子再挨一挠钩。

　　"他不会淹死了吧？"康迪德不安地问。

　　"不会，我想他更多是冻僵了。"

他打了特雷弗莱几个耳光，特雷弗莱睁开眼睛，问：

"鱼呢？"

"跑了，鱼竿也没了。"

"很贵的啊！"

马丹多次打开收音机，想听新闻，因为现在电已经充足。但他打开收音机的时间总是不对——要么是五点钟，要么是八点钟，总是错过新闻的开头。

这次，他在六点整打开了收音机。晚上。但收音机老是在自动寻台，无法在AM或FM波段找到一个频道。

于是他走出车子，来到两个正在看夕阳的旅伴旁边，待在那里想心事。

"我们甚至连收音机也听不了。我想知道气象。"

"要下雪了。"康迪德·拉贝尔说。

"你怎么知道？"

"我的鼻子上落了一片雪花。"

他没有马上相信，但很快就承认她说得没错，因为他脸上也落了几片雪花。不一会儿，他的大衣衣袖都覆盖着白色的冰粒。他舔了舔，希望能用来解渴。特雷弗莱也学他的样。康迪德把嘴张得大大的，想尽量多吞进一点雪。

马丹则一心想回到车里去。这是第一场冬雪，比第十场、第一百场容易忍受得多。这里没有车库大门要清扫，也不会兜来兜去找不到地方停车。如果有幸来到一艘漂在圣劳伦斯湾里的渡船上，你会发现，雪没有一点麻烦处。

他朝康迪德靠近了一点，两人肩并着肩，感觉挺好。但不完全幸福，不是的，要真的感到幸福，必须没那么饿，没那么渴，身上再暖一点儿。但在心里，他们感到甜丝丝的，事情没有那么糟。说到底，他们此刻要比在陆地上的大部分人幸福。

"太奇怪了，"康迪德说，"我觉得挺好的。我想，人如果想幸福，只要希望自己幸福就可以了。不知道为什么，但这天晚上，我感到很迷人。"

马丹忍住，没有反驳。脚都站不稳，像这样，谁也不可能幸福。眼看就要饿死的人是不可能幸福的。一个女人，如果她的孩子病了，她会感到幸福？（竟然想到了病孩，这让他觉得很奇怪。他从来没有过孩子，也想不起来自己小时候生过病。）总之，有很多人完全或者说绝对不可能幸福。要感到幸福，必须填饱肚子，不要看到四周有不幸的事情，甚至包括在电视里——不要有战争、地震和瘟疫……

可是，他很饿。他承认，不是那种要饿死的饿，但谁也不能担保说，要是还没人把他们三个人从这里救出去，他们就不会饿死。而且，他也很冷。他也不知道明天的天气如何，没有任何新的消息。想到可能马上会死，他现在真的很难受。因为他这辈子什么都没干，没有写完小说，没有让一个女人或孩子幸福；没有让任何人幸福，甚至也没有让自己幸福。要是现在就死去，那就太不值得了。他现在才发现，自己并没有真正生活过。

不过，他也不是不幸福。甚至，自从来到这艘渡船上之后，他平生第一次感到幸福，感到自己成了另外一个人，或者说，成了真正的他，他本来就应该这样的；回到他学文学之前的那个样子。这并不是因为他旁边站着个女人，他都感到了她身上的温暖，而是因为在走出"奔驰"之前他就有这样的感觉。他心里的火气越来越小，与世界、与自己越来越平和，好像渡船把他带到了另外一个世界。但这并不妨碍他做蠢事，比如说，趁特雷弗莱看其他地方的时候偷偷地吃。不过，如果能够重来，他会跟大家分享巧克力酥的。几乎可以肯定。为什么？

这很容易明白：因为他开始变聪明了。他并不完全聪明。聪明人是那些开始发觉自己并不聪明的人。

他甚至想承认自己的贪吃之罪。他张开嘴想说，但说出来的完全不是这话，只是说，或者是复杂地重复康迪德刚才说过的话：

"幸福与个人想获得幸福的愿望是直接成正比的。"

他很快就意识到，刚刚说这话的，是过去的他，而不是他正在成为的这个人。

他回到了汽车里，收音机仍在不停地寻找频道。

他拔下钥匙，放到口袋里，好像怕被人偷走似的。

"你知道我在想什么吗？"康迪德问。她刚刚在汽车的后排座椅上躺下来。

两个男人都没有回答她。他们怎么知道呢？不久之前，这类问题会让马丹很生气，不过他现在默不作声，保持冷静。他真的想知道康迪德在想什么，但他也知道，康迪德问的这个问题并不是一个真正的问题，只是开始讲话的一种方式。

突然，他想起那天晚上康迪德在圣乌尔的酒吧里说的话：她有艾滋病。不，是血清显阳性。

但这几乎是同一回事。也许她现在在想，认真考虑之后，她觉得这样饿死在渡船上，比在医院里或是临终关怀病房（如果没叫错的话）里死于艾滋病更好。

由于康迪德一言不发，马丹觉得帮助她回答她的问题是自己的责任。三个字就够了：

"不知道。"

"我们都没有孩子。你没有，我没有，特雷弗莱也没有。特雷弗莱，你真的没有孩子吗？"

特雷弗莱摇摇头。康迪德没有看见他摇头，但他肯定在说不。就像马丹一样，肯定也没有孩子。有孩子的人都炫耀自己有孩子，并且替没有孩子的人可惜。她接着问：

"如果在一艘船上，有三个成年人，但没有一个人有孩子，那么，世界上百分之多少的人没有孩子呢？"

两个男人毫无概念。特雷弗莱以为康迪德会给他们答案，马丹则认为她自己也不知道，但他仍然开口了，因为，如果不想谈话冷场，就得说点什么：

"多少？"

康迪德没有回答，而是说：

"我在想，如果我们三个人都死了，谁也不会悲伤。我是说像孩子失去父亲或母亲那样的悲伤。"

大家好久没有说话。过了一会儿，康迪德回忆起当她得知父母去世的消息时，她无动于衷。特雷弗莱呢，可能洒了几滴眼泪，但不敢肯定。他早就知道父母总有一天会死，所以，无论是父亲被撞死还是母亲被烧死，他都没有感到惊奇。他父亲死于酒后驾车，母亲则因在床上抽烟。

马丹不知所措，他必须使劲地想，才能回忆起父母的死。他母亲在医院里住了好几个星期，有人打电话到他家，或者是他当时同居的女友家。他不在。他回来得很晚，喝得醉醺醺的。吉内特告诉他说，他母亲快不行了。他回答说，明天再说——他的意思是，等他睡醒再说。但等他第二天早上到了医院，医生说人已经走了。无所

谓。而他父亲去世的时候，他在意大利。他要去
博洛尼亚大学①作关于加斯东·米隆的讲座，但
后来讲座取消了，因为加拿大艺术委员会不给资
助。但他谁也没有告诉，仍然在预定的日子去参
加会议，但并没有发言。他向吉内特发誓，发言
之后才回得来。于是，一切都由吉内特代办了。
当他回来的时候，吉内特对他说，到其他地方再
见吧！还是无所谓！

他很想对康迪德说，如果没有孩子为他们哭
泣，没有任何关系。因为谁也不敢肯定，如果他
们有孩子，孩子会不会为他们哭泣。但他还没开
口，康迪德就说：

"其实，我们失踪了更好。如果我们回不
去，无所谓；如果我们回去了，也无所谓。"

马丹点点头。是的，这个年轻女子说得对。
想得越多，越觉得事情没那么严重，尤其你蠢得

---

① 欧洲四大文化中心之首，与巴黎大学（法国）、牛津大学
（英国）和萨拉曼卡大学（西班牙）并称欧洲四大名校，被誉
为欧洲"大学之母"，是全世界第一所大学，创办于1088年。

没有生孩子的话。不过，如果你愚蠢地想生一个或一大群孩子，结果可能也一样。

　　瞧，无所谓，这个词成了自己的一个很好的格言，他心想。他甚至想把它刻在自己的坟墓上，在他的名字和生卒日期下面写着：无所谓。

又出现了拉布拉多

"你们听！"康迪德·拉贝尔突然大声喊。

远处传来一阵马达声，吵醒了她。

"把车窗玻璃放下来！"

当马丹完全醒来，转动打火开关，按下按钮，降下车窗玻璃时，已经什么都听不见了。

"有直升机。"康迪德坚持道，"你们没有听见？"

"没有。"

"那好，打开车灯。"

马丹打开了车灯，既然这样，不如闪事故灯报警。

"阿嚏！"特雷弗莱打了个喷嚏。他很久没有听见别的声音了，除了浪打船身的声音。

该摇上车窗玻璃，重新发动汽车，把暖气开到最大，否则大家都要打喷嚏了。

"我没有做梦，"康迪德抗议道，好像有人对她的话表示怀疑，"'隆隆隆'的，跟电影里一样。"

"你能肯定那不是火车吗？"马丹打趣道。

"是直升机。你看好啦，它会回来的。"

车里足够热了，马丹关掉发动机和车灯，把事故灯也关掉了。

几天来，北岸各地有些爱开玩笑的人，可能属于什么魁北克解放运动的人，打电话给加拿大海岸警卫队，报警说有人非法闯入该地区。

首先，此人（事实上，可能只有一个人，他在七岛港和纳塔什昆之间的北岸来回，让人以为有很多人似的）报告说，发现潜艇的潜望镜。七岛港哨所的值班员没有想一想是真是假，就把消息转给了军方。出现潜艇，哪怕是在冷战之后，也是军方的事，而不是海岸警卫队的事。

很难相信俄罗斯或其他多少有些敌意的国家

（比如说法国，它想发动一场新的鳕鱼战①，以表示对魁北克独立分子的支持）会开玩笑派潜艇到圣劳伦斯河里来。但不难想象，这个海底潜望镜不过是帆船的一根桅杆。哈利法克斯的拯救协调中心接到报警后，立即命令格林伍德基地的沃克上校派几架直升机去看看。这一行动具有危险性，因为直升机已经三十多年机龄了，如果不是现任总理、当时的选举运动反对派领袖许诺要撕毁新飞机的订单，这些直升机早就应该送到废铁厂了。合同最后真的被取消了，这是他最容易信守的诺言，因为这是唯一不花一分钱的事情。加拿大没有商船队，因为在其海岸遇险的通常都是菲律宾或韩国船员，所以，他的决定似乎一点都没有造成影响。

几年后，人们还是没有订购新的直升机，拉布拉多②越来越旧，维护越来越贵，很有可能一

———————————

① 指20世纪50～70年代，英国与周边国家为争夺渔业资源而发生的摩擦。

② 拉布拉多既是加拿大的一个地名，也是某种直升机的名字，且与法文"短毛猎犬"同一单词。

刮风，甚至风平浪静时都会掉到地上。

凑巧，不到两个月前，格林伍德基地的一架拉布拉多坠毁了，其他直升机全都被留在原地，等候严格检查。但检查没有发现任何大问题——只有许多能变成大问题的小缺陷，那些飞机几乎全都比其机组成员的年龄大一倍——于是再次报告，说那些飞机可以使用。

沃克上校派两架直升机去寻找"桅杆／潜望镜"。这样保险一些，万一发生机械故障，第二架飞机可以救起第一架飞机的落水机组成员，因为海上拯救正是直升机及其机组成员的特长。

半夜里被派出去的两架直升机凭其设备，没有发现任何类似帆船或是潜水艇的东西。

第二天，又有一个匿名电话报警，说发现一只可疑的桶。海岸警卫队把这消息转给了格林伍德基地，因为他们离那里最近的船在布朗萨布隆出了故障。那艘船，大家都猜得到，已经不年轻了，每次来往于蒙特利尔和纽芬兰之间时，都好像会在哪个港口抛锚，因为官兵宁愿在港口抛锚也不愿船坏在大海上。

两架新的"拉布拉多"，如果可以这样叫的话，没有发现任何可疑的桶。于是沃克上校打电话给加拿大皇家警察总队，说有人在北岸开玩笑，那家伙让他的部下生命受到了威胁（他马上又补充说，包括女部下，因为，自从加拿大的部队里有了女兵后，说话就必须小心，不能光说男兵）。

第三天，那个开玩笑的人简直太过分了，说他用望远镜看见了一艘船，像是小渡船，正在小河流上穿越。

于是又派出两架直升机，但天一黑就返航了。驾驶员回去以后报告说，他们没有看见任何像是渡船的东西，但天黑了，上校先生，如果船上没有灯，也完全有可能看不到它。不过，一艘渡船，而且是一艘小渡船，在河上航行却关掉所有的灯，他们觉得这是不合常理的。

上校让机组成员回去睡觉。天亮后，他又派了另外两个机组，驾驶最后两架还能飞的直升机。但其中一架飞机发动不起来，是驾驶员故意弄的，他甚至不惜冒着被战争委员会处分的危险。不过，"拉布拉多"的名声太坏了，而加拿大战争委员会的委员们都偏爱自己国家的士兵们，所以，那个驾驶员并不会有太大的麻烦。

另一架"拉布拉多"在灰蒙蒙的早晨沉重地出发了。

三个小时后，飞行员向沃克上校报告说：

"不是渡船，而是一辆水上摩托。"

"肯定吗？"

"水上摩托跟渡船区别大着呢！不可能弄错。"

"你们在具体什么位置？"

飞行员报了坐标：安蒂科斯蒂岛南部海域。一辆水上摩托怎么会跑到那里去的？更奇怪的是，那个摩托手为什么要去那么远的地方？

"上面有人吗？"

"有，有个头上包着绷带的家伙。"

沃克上校想了想。那辆水上摩托和那个头上

包着绷带的家伙和其他事情是否有关联呢？在圣劳伦斯湾出现了一艘渡船、一艘潜艇或是一艘帆船、一个毒品桶和一辆由一个伤员驾驶的水上摩托。他在寻找合理的解释，但找不到，然而，他仍然对加拿大皇家警察总队的菲尔波上尉（不知道为什么给他派来这么一个人，纯粹是来给他找麻烦）说：

"如果前天的那个桶和那天的潜艇有什么关联，我一点都不会感到吃惊。"

这话让菲尔波上尉陷入了既没有结果也不深刻的思考。

"我觉得肯定有关系。"他最后承认说。

"好啦，兄弟们，去把他给我抓来！"沃克上校命令道。

"水上摩托也弄回来？"

"你能弄回来？"

"约翰逊说，他父亲的那辆还不到半吨重。应该没问题。"

多纳尔德就在直升机下方，骑着他的水上摩

托，好像若无其事。人们可能没有看见他，直升机的地板不是透明的，一架小小的水上摩托，在大海里不容易被看见。

就在昨晚，当摩托出故障时，他还希望有艘船或是不管什么人能找到他。

但他今天早上刚刚改变主意。他知道，不管渡船能不能找到，他都会有一大堆麻烦。海岸警卫队会让遇险者支付拯救行动的费用。如果人们找到他，他就真的要为自己和水上摩托埋单。至于"阿梅丽号"，他不知道该怎么办。如果被人们找到，他就要破产；如果找不到，他将名誉扫地。如果法官判他弃船有罪，他可能还要坐牢。最好是人们找到了"阿梅丽号"，但没有找到他。

于是，他今天早上有了一个主意，十分简单：随波逐流。流到哪里？他不知道。也正因为这一点，这想法才显得那么诱人。他也许将在非洲、美国或者欧洲搁浅；也许会被巨浪吞没。也许俄罗斯渔民会收留他，也许海盗……可以肯定的是，今天早上，他已经受够了开渡船的卑微生活，每天在同一条航线来来往往，从来没有去过别的地方。他想经历一场美妙的历险，也许会因此而丧生，但宁可这样，也比无聊地死去要好。

可这该死的直升机现在就停在他头顶。如果运气好，直升机就有可能看不见他，然后飞走。但那天早上，他运气不好。真的，在他的一生中，运气好的上午跟幸福的下午、开心的夜晚和两人共度的良宵一样稀少。

先是直升机边上的门开了。飞机涂着红黄二色的，前面写着"Rescue"和"Sauvetage"的字样。多纳尔德不知道Rescue是什么意思，但Sauvetage①告诉他，这些人确实是来收容他的。无所谓！

接着，在发动机的轰鸣声中，他好像听到了电绞车的声音，尽管他以前从来没有听到过。

---

① "Rescue"和"Sauvetage"分别为英文和法文，都是"营救""援救""解救"的意思。多纳尔德不懂英文，所以不知道"Rescue"是什么意思。

他抬起头，看到一个身穿橙色连裤服的男子，系着钢缆，正向他下来。人们看到他了。听天由命吧！

"下，下，下！"士兵卡庞蒂埃对着麦克风喊道，让上面把他放得再低一些。

"你看见我看见的东西了吗？"机长问副机长，"十点钟方向。"

副机长扭头看着那个方向。在甚至不到1公里的地方，有一艘渡船。一艘小渡船，很小，总之，比他跟父母去爱德华王子岛时所坐的渡船还小，当然是在桥没有造好之前。渡船上有三个人——两男一女——两条胳膊正绝望地向他们挥动着。渡船的甲板上还有一辆黑色的汽车，后轮悬在海面上，好像是一架特别笨拙的直升机吊放在那里的。

这条渡船改变了一切。出现了一条上面有三个乘客的船，就没有时间去理会水上摩托了。

"我们该怎么办？"副机长问。

"照手册上说的做。把人吊上来，不管物质。"

然后，机长对卡庞蒂埃说：

"别管摩托了，有其他客户。"

但卡庞蒂埃太专心救人了，没有听清。救援工作非常复杂，他在寻找一个地方系绞车扣。他找到了一个环，刚好可以把摩托吊出水面。接着，他帮助那人穿上救生衣，就像规定所要求的那样，然后把安全带系在用钢缆拉着的吊钩上。

"准备好了吗？"机长问。

"准备好了。上！"

上面，操作绞车的机组人员开动了马达，但他也看着渡船，而没有集中精力吊摩托。听到卡庞蒂埃说"上"的时候，他看也没看就按了按钮。

机长以为是吊150公斤左右的东西，但水上摩托一离开水面，由于超重，直升机就失去了平衡。

他起初还以为是一阵风，便最大力度地做了校正，结果，水上摩托重新掉到了水里。直升机突然失去了这一重量，几乎原地转了一个圈。机长下达了一连串命令，骂了一连串脏话，但直升机还是掉到了海里。

"出什么事了？"沃克上校在无线电中问。

"他妈的！"这是他得到的唯一回答。

他明白了，他刚刚又失去了一架"拉布拉多"。

他深深地叹息一声。他对此应该习惯了，但习惯不了。

穿着睡衣的总理和他穿着睡袍的太太在吃早餐。他喜欢一大早就用太太来测试自己半夜里作出的决定，因为她比谁都有本领马上取消不合理的决定，不让他有机会通知下属。

他不翻报纸，几乎从来不读，因为他雇了个新闻专员给他综述值得综述的新闻。这只需两分钟，很少超过两分钟。今天上午，报纸的头版都在报道新的问卷调查，选举之前的最后一次。调查显示，分离主义得胜——不仅仅是投票的百分比，支持自由党的英语人群百分之百或几乎百分之百集中在某些区域，而不是到处都分布一点，如果他们稍微有点头脑，他们本来是应该分散的。

"他们应该给英语人群一些补贴，"他想，"让他们搬到法语区去；同时，给法语人群一些补贴，让他们搬到英语区去。这就像净化人种，不过方向相反，不妨把它叫做人群稀释。谁都无法反对。总之，北大西洋公约组织没有别的办法，只能同意。"

电话铃响了。他太太去接电话。

"是阿尔蒂尔，国防部的阿尔蒂尔。"

以往，他都会低声抱怨："那家伙，他又要我干什么？"但这次相反，总理高兴地拿起话筒。终于，军队出事了，让他早餐都吃不好。与魁北克土著发生了冲突？独立选举的前夕，应该做好一切防范措施。

"我们损失了一架'拉布拉多'。"国防部部长阿尔蒂尔说。

"是直升机还是狗？"总理开玩笑说。

"是直升机。"阿尔蒂尔大声地回答，拿狗来开玩笑，他觉得很生气。

总理想了三秒钟。

"您知道那个什么原则……怎么叫来着？"

"彼特？"

"不是。不过，怎么称呼不重要。他的理论是，对魁北克来说是喜讯的事情，对分离主义者来说也是好的，因为这表明他们自己能够独自对付；对魁北克来说是不好的消息，对分离主义者来说也是好的，因为这说明应该脱离联邦了。对联邦来说是好的消息，有些时候是好的，但对分离主义者往往没有太大的影响，因为魁北克也从中受益了。可您是否知道，对分离主义者来说，什么是最好的消息吗？"

短暂地沉默了一会儿。阿尔蒂尔不知道，但他会知道的。

"对联邦来说是不好的消息，对分离主义者来说是最好的消息。联邦越糟糕，对分离主义者就越有利。阿尔蒂尔，这你明白吗？在明天晚上八点钟之前，我想要的，不是对联邦来说不好的消息。你觉得我为什么一个星期都没有发表讲话？还有，如果有坏消息，不讲出来就是。清楚了吗？不能在选举之前说掉了一架直升机。这会被分离主义者利用的。军队，差不多是联邦所剩的一切。民众应该相信军队。封锁消息，直到星期二。"

"我明白了，但事情还没完。"

"还有什么？"

"海湾里好像有艘潜水艇。也许是俄国人的。我已经派'魁北克市'去看看是怎么回事……"

"不要仅仅是看，击沉它！对，不管会发生什么麻烦。不要警告，直接打。给我把那艘潜艇击沉！给他们一个教训。对联邦来说这也是一个大好消息。"

国防部部长明白了，这是告诉分离主义者，我们有超强的力量。如果他们反对联邦政府及其军队，将会付出巨大代价。好好想想，你们不过是一个省的小小政党……

　　"我来负责吧！"

一条大的，也许

直升机掉到水里的时候，如果不是杰西·卡庞蒂埃迅速摘掉已经固定在救生衣上的钢缆钩子，多纳尔德·拉特拉韦斯也将跟着坠入海底。与此同时，这位士兵也迅速松开水上摩托，免得被直升机带入海底。

他在座椅上立起身来，向多纳尔德伸出手，帮助他在自己后面坐好。

"摩托能开吗？"他问。

"能，但没有汽油了。"多纳尔德承认道。

杰西·卡庞蒂埃等了好一会儿，希望机组的其他成员能浮出水面。

"算他们倒霉！"当确信再也见不到他们的时候，他嘀咕了一句。

然后，怕多纳尔德会认为他很快就将忘了他们，他又说：

"我们每次都靠抽签来决定谁下去。跟着钩子一起下去的人最危险。我总是输。我想，他们肯定作弊了，尽管机长说，每次都抽到同一个号，这并不是不可能。将来肯定能抽到另一个号的，我只需耐心等待。这就像买彩票：如果买上一百万年，最后总会赢的。学过算术的人都知道。"

他停了一会儿，又说：

"现在，那个吉祥的号码，我想我终于抽到了一次。"

"您觉得他们很快就会来吗？"多纳尔德问。他并不知道这个"他们"指的是谁，也不知道他们会从天上来还是海上来。

"很难说。如果是坐'拉布拉多'，他们有时来不了。"

他们等了整整一个小时，杰西向多纳尔德解释，他之所以参军是为了到处看看。他被派往新斯科舍①，他现在在学英语，否则运气会更差。

多纳尔德听得很认真，因为他在想，他是不是也能参军，但他没有说出来，因为肯定有许多障碍，他没有中学毕业文凭，今年31岁了，可能年龄太大了，而且，他可能也不够高。

"那是什么？"杰西突然问。

"哪里？"

"那里，有人在水里走。"

多纳尔德往他说的方向看去，但没看到什么，于是便在摩托上把身子抬得高高的，可看了几分钟，什么也没看见。突然，一个浪打来，把摩托掀得更高。这时，他也看到了三个人在水里行走。那景象只出现了一会儿，如果不是他的同伴也看到了，他还以为是幻象呢！

"你看见了？"

"看见了。"

杰西站在前面，踮着脚，双手抓着摩托车把。多纳尔德靠着他的肩，站在座椅上。又看见

---

① 加拿大东南部省份，省会是哈利法克斯。

他们了。

"阿梅丽号"找到了！

"是特雷弗莱·耶尔。"

"那是什么人？"

"他在我的渡船上，我认得船顶。"

"您能肯定吗？"

"如果上面只有特雷弗莱，或只看见船顶，我会说不敢肯定；但船顶加上特雷弗莱，那就不可能弄错了。"

接着，多纳尔德和杰西看清了，渡船是静止的。他们甚至并不是越靠越近，而好像越来越远。风对摩托的威力更大，或者说渡船被风吹得更厉害。总之，他们没有向彼此靠近。

"你知道该怎么办吗？"杰西终于问。

"去那里？"

"你会游泳吗？"

"会一点。"

"凭我们的衣服，应该可以游过去。否则，我们会在这里冻得像狗屎一样。"

"你说得对。"

他们跳到了冰冷的水中，像鳗鱼一样手脚乱动了足足有5分钟。然后，就在多纳尔德心想，倒霉，他再也游不动的时候，一只手抓住了他的胳膊，帮他爬上了"阿梅丽号"。杰西则是自己爬上船的。

大家彼此互相作了介绍。

杰西和多纳尔德脱掉外衣，放在栏杆上晾晒，只剩下三角裤。康迪德把她的大衣借给了杰西，杰西则一定要让给多纳尔德穿。

"我不冷。"

不过，他还是同意跟大家一起进"奔驰"。

"只一小会儿，差不多没有汽油了。"马丹发动汽车，警告说。

"你们没吃东西吧？"多纳尔德问。

"没有。"

"你们没看到上面有红十字的那个箱子吗？"

没有人回答。多纳尔德走出汽车，跑到船舱

里，拿了一个急救箱回来。

"我有些巧克力酥。"他说。

他总是在渡船里放些吃的，以防饿着。上个星期，他才更换了里面的全部东西。

"一共有六条。我们是五个人，每人一条，剩下的抽签。"

他打开箱子，拿出纱布包，可下面什么都没有。

"我敢肯定……"

"谁搜过红十字包？"康迪德轮番看着特雷弗莱和马丹，严肃地问。

马丹耸耸肩：

"我记不太清楚了。"

"你记得很清楚，马丹·盖尔丹。你不感到羞耻吗？"

他一点都不感到羞耻，但还是伤心地点点头，因为，是的，仔细一想，他还是有点感到羞耻的。

"下一次吃鱼没你的份了，"康迪德说，

"不，下六次都没你的份。一条巧克力酥一次。"

"你们没必要担心，"杰西说，"格林伍德基地有我们的坐标。如果其他直升机没有太大的问题，他们很快就能找到我们。"

"他们最好快点，因为特雷弗莱丢了鱼竿。"马丹说，他想更换话题，不想再成为大家谴责的对象。

"哎，那是什么？"这时，多纳尔德问。

"我看不见。"马丹说。

"我也看不见。"特雷弗莱和卡庞蒂埃也分别说。

"有条鱼线。在那儿，你们看不见吗？"

大家都从车子里出来。

多纳尔德说得一点都没错，他的眼睛太厉害了：一截尼龙线挂在栏杆上。

特雷弗莱把它拉了回来。很快，鱼竿也跟着回来了。

"但愿鱼钩还在。"说着，他开始收鱼线的

另一头。

突然，他好像感到很惊讶。

"有什么不对劲吗？"康迪德问。

"我想可能有条鱼，它一直在那儿。一条大鱼。"

"我们知道你的大鱼有多大。"马丹讥笑他说。

这是他第一次用"你"来称呼特雷弗莱。对于最大只能钓上黄金鲈的人，很难用"您"来称呼。

外加一条鳕鱼

国防部部长命令，如果"魁北克市号"的舰长来电，马上给他接通。下午两点左右，他就在想，为了那艘像苍蝇一样掉到水里的直升机，连午餐都不吃了，这是不是有点可笑。这时，秘书向他报告：

"'魁北克市号'的雷恩舰长。"

他拿起电话。

"我们已经发现目标！"雷恩舰长报告说。几十年来，他做梦都想说这句话，可除了训练，一直没有机会说。

"击沉那艘可恶的潜艇，拍下录像！"

"部长先生，那不是潜艇，而是一艘渡船。我的一个军官告诉我，这和黎塞留河上航行的渡船完全一样。"

"小的还是大的？"

"好像可以放四辆汽车，也许六辆。"

"有乘客吗？"

"五个，如果我没数错的话。"

"他们在干什么？"

"看起来，他们好像是在争论什么，部长先生。"

"他们在互相争论？"

"争论一条鱼。据我的两个来自东部沿海省份的军官说，应该是一条鳕鱼。一条大鳕鱼，好像很多年都没有见过这么大的鳕鱼了。"

"别挂电话。"

国防部部长按了一下电话机上的红色按钮。总理马上就拿起了电话：

"击沉了吗？"

"不是潜艇，而是一艘渡船，'魁北克市号'发现的。黎塞留河上的那类渡船，可以放四辆汽车。"

"可是，黎塞留河上的渡船跑到海湾里去干什么？"

"现在还不知道，总理先生。"

"有人报警渡船被盗吗？或者是失踪？或者是……"

"我想没有。但船上有乘客，他们在争执。关于一条鳕鱼……"

"海湾里有鳕鱼？"

"好像还挺大。"

这是一个绝好的消息！如果联邦政府今天宣布鳕鱼禁捕期结束，这也许会让圣劳伦斯河下游、加斯佩地区，甚至北部海岸明天的选举局势发生变化，尽管这有可能重新挑起争执。纽芬兰[①]想要这块蛋糕的一大块，新布伦斯维克也差不多，很难再给魁北克留下什么了，尤其是如果原住民也要分一杯羹的话。假如海湾里有鳕鱼，但不是谁都分得到，那就对谁都不能说。别着急。

"你觉得我们应该怎么办？"总理问，因为他知道，部长们背后都在指责他，说他做事专制

———————————

① 加拿大东部省份，含纽芬兰岛和拉布拉多地区的一部分。

独断，不征求他们的意见。

"可以让'魁北克市号'把那艘渡船一直拖到魁北克。当然，这是商业性拖船行为……"

"您觉得我们的一艘大型驱逐舰拖着一艘渡船，一路上会没人看见吗？分离主义者会说，我们派出海军，是想影响选举。除此之外，您的五个渔夫，他们会说见到一架直升机掉到了海里，还会说海湾里有鳕鱼，不得不把它交给纽芬兰省。这会让分离主义赢得选举。您想到这些了吗？"

没有，国防部部长没有想到这些。但他想到，每当总理做些什么想让分离主义者输掉选举，最后却总让他们被选上。但他什么都没说。反对有的是时间，投票的次日。最理想的是，另外找人来打头炮。假如财政部部长有胆的话……

"这样，"过了一会儿，总理决定了，"您让'魁北克市号'的舰长把那艘该死的渡船击沉。我以后再也不想听到。"

"船上的乘客怎么办？"

　　总理又思考了一会儿，然后差点喊出来：
"让他们葬身海底，他们十有八九是分离主义
者。"但他并没有真的那么坏，不可能杀死那些
人，哪怕他们全是分离主义者。况且，没有任何
东西证明他们不是英语人群。

　　"把他们关在'魁北克市号'里，直到选
举结束。那时，我们再宣布失去了一架'拉布拉
多'，再说河里有鳕鱼，这样可以互补。"

　　"好的。"

　　"告诉'魁北克市号'上的人，如果他们有
卡宴胡椒粉，那就随便使用吧！"

　　国防部部长露出一丝微笑，但当他意识到总
理并不是在开玩笑，他马上就收起了笑容。

　　"还有一件事，"总理又补充说，"假如
您把这场谈话告诉什么人，我肯定会否认。您知
道，我跟我过去的部长们总是很难回忆起说过什
么。"

　　总理挂上了电话。国防部部长按了一下电话
的一个键：

"雷恩舰长，我命令：击沉渡船，把船上的乘客带到你们的舰上，在海上溜达到明天晚上，一切都要保密，尤其是关于大鳕鱼的事。如果他们反抗，你们可以用你们所拥有的一切手段制服他们，但不要用卡宴胡椒粉。明白吗？"

"是。不过，那辆水上摩托怎么办？"

"还有一辆水上摩托？把它也击沉了。"

部长挂上电话后，马上把跟总理的谈话内容完整地记录了下来，以防万一。他没有记录跟舰长的对话，因为舰长肯定也会记录，以求自保。一个是舰长，一个是部长，媒体或法庭通常会相信谁的证词呢？

马丹抓住了鳕鱼最容易抓的部分：脑袋，或者说嘴和鳃。他用手指紧紧地掐着，甚至两个人拖着鱼尾时，他也不撒手，因为这条鱼既是他的，也是别人的。如果他们不想生吃，就必须放在属于他的汽车发动机上烤。好好吸一吸渡船油箱的箱底，应该还能吸出几滴汽油的。

其实，另外三个男人都准备跟他一起分享这条鱼。只有康迪德顽固地坚持要报复他偷巧克力酥的行为。

"看！"马丹突然放下鳕鱼。

紧紧抓住鳕鱼尾部的康迪德跌坐在甲板上。由于没有人扶她起来，她只好自己爬起来，跟众人一起看着同一个方向。一艘灰色的船向他们驶来。一艘大船。是战舰，前甲板上有门炮。

"是'维狄秋'。"卡庞蒂埃说。

"'维狄秋'是什么？"康迪德问。

"就是'魁北克市号'，但海军里的人都叫它'维狄秋'①。这样好叫一些。这是一艘大型驱逐舰。"

"我们得救了！"马丹大叫起来。

杰西拿起自己的衣服，准备穿回去，尽管衣服还是湿的。多纳尔德也同样。"魁北克市号"迅速靠近，然后停在离他们几百米远的地方。

这时，炮管里冒出一小团烟雾，水上摩托旁

---

① "魁北克市"的缩写为VDQ，讲英语的人读成"维狄秋"。

边马上就升起了一条水柱。

"那不是我的，"多纳尔德大喊，"是弗莱德·维尼奥尔特的！"

又升起一条水柱，回答了他的抗议。

接着又先后升起了六条水柱。对于一个几乎从来没有对准运动着的目标射击过的炮手来说，要在400米外击沉一个这么小，又在海浪中不断动着的目标，是不太容易的。而且，他们训练时为了节约弹药，总是放空炮，如果有炮弹，也总是计算机来决定炮弹要落在什么地方，那样更精准。但训练和实战毕竟不是同一回事。

最后，水柱都落下了，水面恢复了平静，渡船上的人发现，水上摩托已经从水面上消失。

这时，马丹举起双臂，举得高高的。

"你在干什么？"康迪德问。

"我投降。"

当人们忘了自己对死亡已变得麻木时，这主意并不坏，于是其他人都学他的样。一艘小船开始从"魁北克市号"的侧翼降下。

在舰桥上，海军们给他们提供了咖啡和煎饼，一个护士过来给多纳尔德检查伤势。他在水里已经把所有的绷带都弄丢了，但信誓旦旦地说他很好。

渡船被摧毁了，大家都惊讶得合不拢嘴。这次只发了三颗炮弹，因为"魁北克市号"靠得很近，想节约弹药。

一场威胁

从昨天开始，那艘驱逐舰就在安蒂科斯蒂岛南部的海湾兜圈。

傍晚，总理办公室主任冒着暴风雪乘直升机来到舰上。他乘坐的民用直升机，可以说是新的。总理觉得让证人沉默到选举结束是不够的，选举以后，如果他们说出来，还有可能给政府制造众多麻烦。

办公室主任是个声音甜美的人，以前当过律师，能说会道。马丹心想，此人本来可以当个很出色的房地产经纪人，甚至是个很好的文学教授。主任把这几个幸免于难的人叫到会议室里，然后让海军士兵们都出去。

"如果你们发誓对你们看到的事情守口如瓶，政府将保证——不是书面，而是总理拿他的名誉作口头保证，这其实更好——造一艘新渡船，给马丹·盖尔丹先生换一辆'奔驰'，给拉特拉韦斯先生换一辆水上摩托。而拉贝尔夫人和耶尔先生则将每人获得5万加元，给现金，当然了，不用缴税。"

"如果我们拒绝呢？"马丹问。他也就是问问而已，因为他并不真的想拒绝一辆全新的"奔驰"。

"如果拒绝，加拿大政府将把你们视为敌对公民。"

"敌对公民？"

"眼下，在全国，这类公民只有寥寥几个。那些人被认为是国家的敌人，因为他们言行不轨，做出了可能会给国家或政府带来巨大灾难的事情，尽管没有一个法庭会判他们有罪。"

"那他们会有什么麻烦？"

办公室主任长叹一口气，好像很不愿意回答这个问题。但不一会儿，他的脸上又浮现出微笑，他显得很高兴地补充道：

"他们会遇到一些或大或小的麻烦。比如，

他们和他们的亲友的财产申报会被从严审查，一点点疏漏都会被无限放大，课以最高罚款；发给他们的护照好像会无意间出错，每当他们出国或回国时都会遇到一大堆麻烦；他们在联邦所有银行以及在亲政府的私人银行里的资料会经常莫名其妙地出问题。当然，这些人无法再贷款，也拿不到失业金；他们在加拿大的养老金或退休金经常会寄错地方；如果他们在银行里有存款，这些钱经常会跑到别人的户头上去。每当有无名氏犯罪或签了空头支票，结果总会落到他们头上。这些人买的汽车以及大部分电子产品，包括（尤其是）日本制造的产品会老是坏掉，维修起来会贵得要他们的命，而且还总是修不好。如果他们买新的，质量会更差。他们预订的机票、火车票或旅馆订单常常会丢失或被修改。总之，敌对公民会遇到的大小麻烦列出清单来有几十页，长得没完，因为从联邦的所有公务员当中选出想象力最丰富的五人，经常聚集在一起开会讨论和研究，他们唯一的任务就是想象新的怪招，让敌对公民的生活变得不堪忍受。获得'敌对公民'这一头衔的人，大部分最多只能活两三年，哪怕他们移居其他国家。因为，你们知道，加拿大不但是"七国集团"国家，而且在许多贫穷的小国也享有良好的声誉，因为我们的国际援助虽然不多，但投得很是地方，哪怕仅从这个角度来看。"

"好吧，我签字。"马丹叹了一口气。

"只需签字，只需闭嘴。什么都不说，一句不说，永远不说。"

那天晚上，在回他和特雷弗莱同住的船舱里睡觉之前，马丹想去问问"魁北克市"的通讯专员选举结果如何。

对独立派来说，结果比预期差很多。当然，他们将组成多党政府。但联邦主义者在投票的百分比上击败了他们，这是一种精神胜利。问卷调查专家为了替他们的错误辩解，声称大雪影响了东部居民出门投票。调查显示，独立派将在选举中占上风，但他们中的许多人都懒得去投票。

"我预料到了。"马丹信誓旦旦地说，好像他是气象学和政治学专业毕业的那样。

一艘崭新的渡船

5月1日，总理和省长到了圣乌尔，来给一艘全新的漂亮渡船剪彩。总理夫人把一瓶安大略省产的汽酒在船身上砸烂，省长夫人对着摄影师的镜头微笑，希望这样能摆脱他们。

加斯东大叔只向渥太华方面申请一点点经费，以替换新船。他以为他的渡船是在船上无人的情况下，漂移到圣劳伦斯河三河段时翻沉的。当他得知对方将给他全额资助和无息贷款，以解决他的经营费用时，他惊讶得合不拢嘴。还有更好的呢：魁北克让一家造船厂重新开工，该厂允诺在融冰前按时交付渡船，而且已经差不多造好了。

加斯东·迪普雷心想，现在是公民投票时期，好好利用吧！

弗莱德·维尼奥尔特骑上了他崭新的水上摩

托。摩托是由一辆小卡车送来的，而卡车司机并不知道它是从哪儿来的。不过，保险公司曾拒绝理赔，也许他们改变主意了。

康迪德·拉贝尔和特雷弗莱·耶尔也在场。他们是开着用政府给的钱买的房车来的，宣布他们要结婚了。

"我答应要嫁给他们两人当中的一人，"她解释道，"我掷硬币猜正反面来决定，结果是他入选了。"

圣乌尔和圣罗什人的人听了她的话都点点头，好像这可能是这个疯女人最理性的话。这年轻女子竟然嫁给了特雷弗莱·耶尔。

一个退休警察，现在给省长当司机，走到她身边，悄悄地对她耳语道：

"您知道您要嫁的是什么人吗？"

"他什么都告诉我了。"

是的，特雷弗莱什么都告诉她了。更准确地说，他什么都忘了。康迪德怎么能恨一个什么都记不起来的人呢？但不管怎么说，她还没有傻到这种程度，告诉他说她有800万加元存款。

多纳尔德带大家参观船舱。

"跟以前的那艘完全相同。我叔叔要求驾驶台在同一地方，免得让我感到陌生。这是用来装马达的。舵在那里……"

特雷弗莱没有听他说。角落里的这个大操纵杆，难道就是舵？他朝各个方向都推了推，心里才肯定。不过，最好不要在马达转动的时候推。幸亏马丹不在这里……

"好啦，我到这里来，不是来发表长篇大论的，"总理先生说，"而是来告诉你们，当你们需要的时候，联邦一直在；要是哪天它不在了，你们还会需要它，但这并不妨碍它不在了。"

省长先生的话更有诗意：

"渡船，其实是一座桥，人与人之间、两岸之间、城市与乡村之间、农民与市场之间、工人与企业之间的桥梁。今天，尽管它可能显得有些土气，但它对魁北克今天和明天的经济、旅游和文化发展作用很大。"

在总理办公室主任的示意下，多纳尔德拉响了全新的汽笛，完全符合加拿大海岸警卫队最新的标准。黎塞留河的两岸，圣乌尔和圣罗什教堂执事有力地敲响了各自的大钟。

当多纳尔德发动渡船的马达时，激动的人群安静下来。大家一致承认，这比旧渡船的马达好很多，一听就知道了。

吉尔·圣达穆在联邦的交通部部长身边转了很长时间，想跟他谈谈自己想在圣乌尔设一个船用发动机维修车间的主张。这样，渡船和游乐船就不用因一点点毛病就去索雷尔了。联邦政府应该明白，如果不花钱搞维修，仅资助渡船是没有用的。

但他太胆怯了，不敢靠近身边围着保镖和记者的部长。他把空酒杯扔到了水里，让人相信这是他的第一杯，然后又拿起一杯。而阿梅丽知道这已经是他的第四杯了，还不算他在家里为了壮胆而喝的酒。她主动提出来：

"你要我去跟他说吗？"

"我自己能说。"

他径直朝多纳尔德的船舱里走去，多纳尔德朝他笑笑。吉尔想把钱包还给他，但还是先参观一下新船舱。他弯下腰欣赏长凳上铺着的厚厚的座椅软垫和舒适的小床。可渡船上为什么要设小床呢？吉尔心想，从来没有人睡里面啊？他开玩笑说：

"你睡在上面一定很舒服。"

多纳尔德没有明白这句话里暗示的意义，但阿梅丽明白了。

"来，吉尔，我答应过你……"

吉尔笑得更厉害了，把自己的空酒杯放在人造革的长凳上，乖乖地走出船舱，又去拿酒了，要了满满的一杯。

多纳尔德目随着他。其实，他目随的是阿梅丽。她拖着丈夫去了船尾，两人争执起来。突然，吉尔换了一只手拿酒，用他唯一能随心所欲地扇耳光的那只手扇了妻子一个耳光。多纳尔德犹豫了一秒，不，甚至不到一秒：当吉尔收回手，准备再打妻子一个耳光时，他扑了过去。

"别在我的船上打！"他大声地喊道。

吉尔看到他走过来，便把已经空了的酒杯（所以问题不大）扔到了河里。他狠狠地给了多纳尔德一到下雨天还疼的左眼一拳。多纳尔德后退一步，然后使尽全力，搂住吉尔的腰，两个男人都掉到了水里。

在渡船的另一头，总理和省长及其各自的随从什么都没看见。

但加拿大皇家警察——他们在渡船后面的警船上——看见有两个人掉到了水里。是谁？他们一无所知。可能是一个小人物：记者或政治专员；但也有可能是个部长，甚至是总理或省长，不管他们是不是独立派。他们马上发动警船，绕着渡船想从另一面打捞起他们。加斯东·迪普雷对他们说要注意钢缆，不要离渡船少于10米。他们忘了或者说很难估计有没有10米，因为总理或省长可能正要被淹死呢！他们离渡船八九米，也许更少。结果，在一声巨大的咔嚓声中，他们的船尾翘了起来。

"钢缆！"特雷弗莱大叫，他听出是钢缆断裂的咔嚓声，伴随着钢缆从滑槽中脱落的呼啸声。

渡船已经偏离航道，开始与流水平行，就像"阿梅丽1号"当时那样。

"出什么事了？"省长不安地问。

在他身边，人们纷纷跳入并不很深的水里，朝岸边走去。他没有动。总理往前走了两步，想跟上大家，但看见省长站在那里，他又改变了主意。他想，他听说过，被遗弃的船属于待在船上的最后一个人。不能让这艘用联邦的钱建造的新船落在一个主张分离的省长手里。

穿便衣的皇家警察们惊慌地看着这一幕。他们刚刚跳到水里，向他们的首长伸出手去，以便荣幸地把他安全地送到岸边。

但渡船在春天的激流中越漂越远，上面只有总理和省长。

"我们会漂到哪里呢？"两人当中的一人喊

道，是谁喊并不重要。

康迪德在岸上回答说：

"上次，我们一直漂到海湾。"

她的目光与总理办公室主任的目光相遇了。他把一个手指放在嘴上，示意假如她再说一个字，她就将成为敌对公民。她吐了一下舌头。

总理和省长也对视了一眼，想挤出一丝微笑，因为报纸的摄影师和电视摄像师正在岸上对着他们狂拍。那些人是首批弃船的，因为器械娇贵。

显然，渡船不会漂移得太远，海岸警卫队、皇家警察，甚至魁北克警方的船（他们可能想帮助海岸警卫队，但不小心碰坏了他们的船）都会很快赶来，把渡船拖离那里，况且，还有海军呢！当然，除非他们遇到意想不到的困难。

"叫一架直升机来！"总理大声地喊。

"要就要两架。"省长在耳边悄悄地说，他不喜欢求助于联邦，但如果实在需要，他不会犹豫太长时间。

"叫两架，但不要旧的。"

马丹·盖尔丹迟到了。或者说，他花了不少时间来停他的新"奔驰"，他要好好找一个地方，生怕他的车被刮伤。

不过，他走得也稍微晚了一点。从12月起，他就像一个陷于幻觉的人，完全忘了获得短暂幸福的诀窍。其实，他觉得那种办法有点蠢，好像只要自己想着幸福就真的能幸福似的。

他把"奔驰"停在圣罗什教堂前面。周围有许多房子，都挺不错的。没有一栋房子值50万加元的，但如果要在这个行业里取得成功，而不仅仅是糊口，比这便宜五倍的房子都得接。

他步子轻快地下坡，朝渡船走去。

他在坡上看见"阿梅丽2号"在四周惊慌的小船中远去，并且认出了最后那两个乘客。他心里马上觉得，总理和省长在船上漂移，这景象无疑象征着今日魁北克与加拿大的关系。

但他不知道那是什么关系。

这无所谓。

译后记

弗朗索瓦·巴瑟罗是加拿大著名的法语作家，加拿大总督奖（文学类）获得者。他是法国人的后裔，祖先在17世纪的时候移居美洲，其中的一位先人曾领导过加拿大著名的1837年起义。

巴瑟罗1941年生于蒙特利尔，母亲是作家，所以他从小受到影响和熏陶，喜欢看书写作，年轻时曾参加加拿大电台组织的年轻作者比赛，获文学奖，有两本小说还入围了法国"图书俱乐部"奖。他在蒙特利尔大学获法国文学硕士学位之后，曾先后在多家广告事务所当编辑；28岁那年，被任命为智威汤逊广告公司副总裁，该公司是世界上第一家广告公司，也是世界上四大顶尖广告公司之一，但他放弃了大好前途，一年后离职，当了一个按件计酬的广告设计师，工作

之余写小说。从20世纪80年代至今，他已出版了
30多部小说，其中《没有结局的生活》入围魁北
克文学院奖，《部落》获加拿大-法国学院莫尔
逊奖特别提名，《我埋葬了兔子》获伊西穆里诺
法语奖特别提名，《圣普拉西德·德郎塞笔记》
入围2007年科尼亚克侦探小说奖和2008年圣帕科
姆侦探小说奖。他也是第一个在法国伽利玛出版
社的"黑色系列"出版侦探小说的加拿大作家，
《尸体》2009年被拍成电影。1999年，他以全部
作品获加拿大蒙泰雷吉文学大奖。

巴瑟罗有六个孩子，七个孙子。为了孩子
们，他开始写低幼读物、儿童文学和青少年文
学，同样硕果累累，其中《废物与泼妇》获2005
年TD儿童图书奖①，《懒鬼与讨厌鬼》获2007年
总督奖（文学类）。巴瑟罗还是一个出色的翻译
家，他所翻译的美国作家乔治·桑托的《掩面石
头》1997年入围总督奖（文学类）。除了翻译，

----

① TD是加拿大的道明银行集团的简称。

他的作品也被翻译，其中不少作品已在美国、法国、荷兰、墨西哥、意大利和丹麦出版，他的短篇小说不但被我国的《世界文学》杂志选中，也刊登在销量达600万册的《法国航空》杂志上。

巴瑟罗如今是加拿大政府的文学奖委员会评委、魁北克作家联合会秘书、蒙特利尔书展行政委员会委员。

《失控》是作者众多小说中的一部，出版于2000年，当年便获"魁北克年度十大优秀小说奖"，并入围"法国–魁北克奖"，曾一度计划拍成电影。小说共19章，但目录中没有序号，让人以为是短篇小说集，可每章的章名又都以数字开始，几乎都是"一"，当然，中文译本不能完全对应。

小说先从加拿大魁北克省黎塞留河边的一个村庄圣乌尔讲起，那是一个人口不多、经济和交通都很不发达的地区，过河还靠渡船，而且是很土的渡船，没有舵，靠悬在头顶、横跨两岸的钢缆导向。一天深夜，房地产经纪人马丹开着"奔驰"上船时，似乎剐蹭了一辆自行车，正当他下车察看情况时，渡船突然失控，漂走了。船上既没有其他车辆和客人，也不见船老大，只有他和一个骑自行车的怪老头，两人从敌对、冷战，到和解、合作，但始终无法让渡船靠岸。在无聊、沮丧和恐慌之中，两个萍水相逢的陌生人开始试着互相了解。这时，读者发现，这两人都很有故事。马丹原先竟然是一个很成功的文学老师，当然，他成功的方式令人不敢恭维。而那个叫耶尔的骑车人，身世更是离奇，父亲车祸身亡，母亲在火灾中丧生。他性格孤僻，学历低，家中贫穷，人又长得难看，没有一个女孩喜欢他，但有一天，一个漂亮的女孩搭了他的破车，十多天后却被发现死在他家附近。他理所当然被怀疑是杀人犯，尽管因缺乏证据未被判刑入狱，但从此在生活中处处被社会所排斥，连酒馆的侍应都不给他服务，他感到生不如死，看到警察就做噩梦。

　　这时，出现了"第三个人"。他叫多纳尔德，是摆渡人，也就是开渡船的人。他的出现揭开了钢缆为什么会断、渡船为什么漂走的原因。原来，有个叫阿梅丽的女人，丈夫喝醉酒之后常常打她，她便跑到渡船上躲避。好心的多纳尔德把船开到河中心，不让她丈夫接近。她丈夫怀疑他们有染，愤怒地剪断了引导渡船的钢缆，又把多纳尔德打得半死，最后因为害怕他死去，把他送到医院后跑掉了。多纳尔德放心不下他的渡船，从医院里跑出来，借了水上摩托，一路寻找。于是，小说除了一路漂流的渡船外，又多了一条线索——寻找渡船。

　　谁也没有想到的是，在两个人的渡船上，竟然还有一个女人，而这个女人竟然一直在"奔驰"的车尾厢里睡觉。马丹这才想起来他的这个女客户。这个女客户名叫康迪德，不但有睡车尾厢的怪癖，而且有不凡的历史，父亲是大老板、大富翁，有许多家连锁店，最后却死在她的恶作剧下。她先是与一帮无业游民厮混，继承了父亲的遗产和企业后，开始经商，很成功，却又不干了，卖掉企业和房子，想过自由自在的生活，打算先买辆房车，周游美国，而马丹正是替她卖掉房子的经纪人。

至此，主要人物都出场了，关系也交待清楚了，奇遇继续发生，喜剧仍在上演，但小说的主题开始悄悄深化，在过去与现在的对比中，在孤立无援、生命得不到保障的情况下，这些漂泊在水上的孤男寡女发现，幸福其实很简单，并不需要那么多物质和金钱，只要安全、健康、温饱无忧就足够了。以前忙忙碌碌，追求的其实是一场空虚。大家开始反思，想起了自己的社会责任，讨论起国家的前途，马丹"心里的火气越来越小，与世界、与自己越来越平和，好像渡船把他带到了另外一个世界"。

当渡船漂到圣劳伦斯湾，快到大海的时候，情节发生了突变，小说从写实过渡到浪漫，人物从草根过渡到政府高层，政治因素出现了，军事介入了，加拿大最敏感的民族问题、魁北克最棘手的独立问题暴露了出来。政客们怕影响大选，甚至命令击沉渡船，并以巨大的经济诱惑对目击者进行封口，最后，总理和省长还双双前来给新渡船剪彩。具有讽刺意义的是，新渡船的钢缆又断了，这次是被救人的水警船撞断的。漂流喜剧再次重演。

这是一部写法非常传统的现实主义小说，故事情节完整，人物性格鲜明，讲究叙述技巧，作者从小地方、小人物、小事件着手，最后上升到国家和政府层面；渡船沿着贯穿魁北克省的圣劳伦斯河一直往下漂流，让我们在听作者讲述一些或奇特或有趣，有时甚至带点"色"的故事时，也了解了两岸的地理和历史状况。小说除"漂流"和"寻船"这两条动态的线索外，还通过人物的身世把视线延伸到社会的各个方面，如学校的教学，房地产买卖，街头"刮窗党"的盛行，商业连锁店的扩张。当地的风土人情，如河上的冰桥、船闸，村民的酗酒，警察的查车，也时时出现在作者的笔端。

渡船失控漂走似乎是一个悲剧，但整部小说却充满具有喜剧色彩的细节，即便是重大的民族问题、选举问题、国家安全问题、联邦与地方的矛盾问题，作者也是以幽默讽刺的口吻徐徐道来。悲喜剧的结合和转换，让小说既有相当的可读性，也不乏主题与思想的深刻性。

小说中最成功的是人物形象的塑造。无论是主要人物还是次要人物，都被作者写得活灵活现，让人读后难忘。马丹爱耍小聪明、占小便宜，人很机灵，但喜欢偷懒，能说会道，动手能力差，他贪财贪吃，有时还贪色，怕死，怕危险，怕苦，怕累，怕干活，选择作品最少的作者作为研究对象，偷同居女友的备课笔记去讲课，指挥老实巴交的特雷弗莱去吸汽油、下河推船；说要写小说，但他心里也知道自己一辈子也写不出来；花了多个小时引诱康迪德，但一听说对方有艾滋病，马上就想开溜。

康迪德也是一个有不少缺点的人物，她除了有睡车尾厢的怪癖外，还喜欢撒谎，有时显得很冷血，继承了遗产，便甩掉了同居男友；得知父母去世的消息时，她竟然无动于衷。她、马丹和特雷弗莱，其实都是"问题人物"，但并不可恨，他们有小人物的种种毛病和缺陷，反映了普通人的真实面貌。

译　者

2016年7月

本书在翻译过程中得到了作者的许多帮助，他耐心而细致的解释使译文最大限度地忠实于原文。

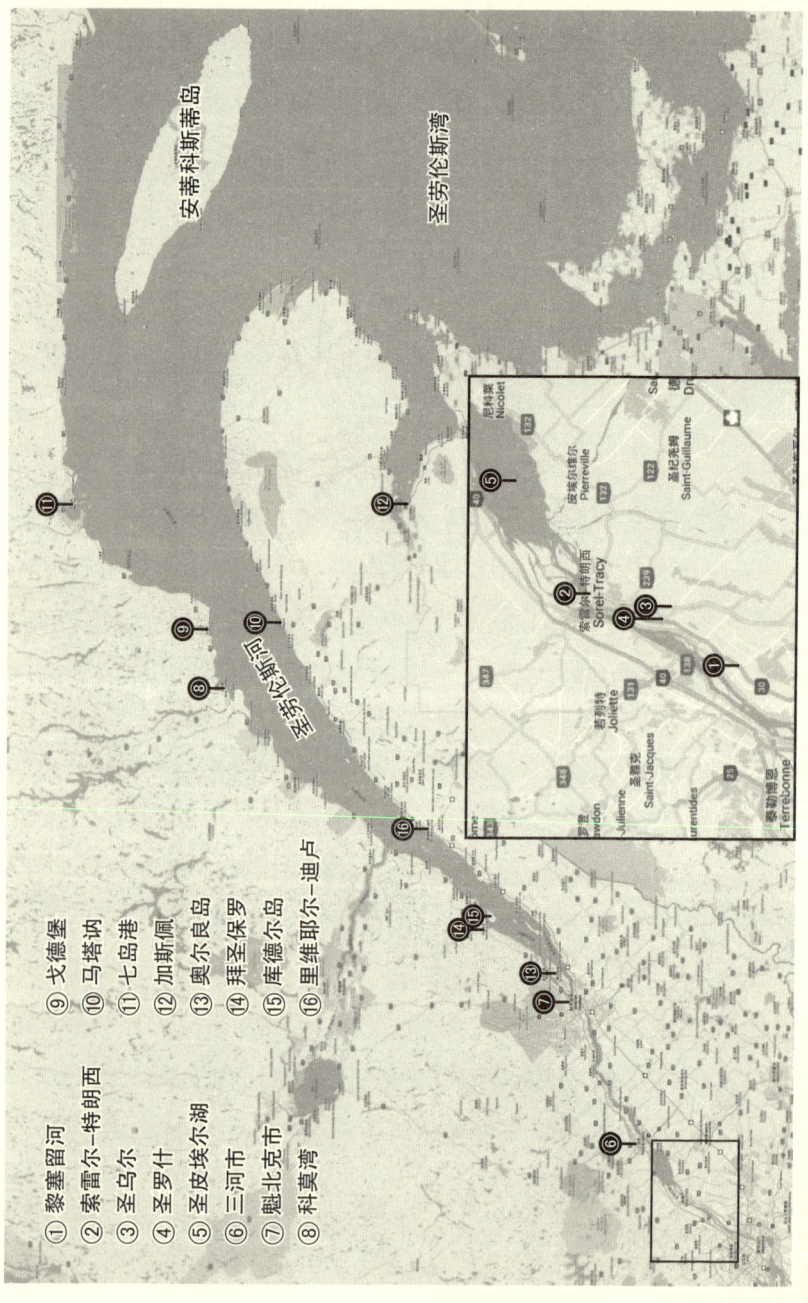

安蒂科斯蒂岛

圣劳伦斯湾

圣劳伦斯河

① 黎塞留河
② 索雷尔－特朗西
③ 圣乌罗尔
④ 圣罗什
⑤ 圣皮埃尔湖
⑥ 三河市
⑦ 魁北克市
⑧ 科莫湾
⑨ 马塔讷
⑩ 七岛港
⑪ 加斯佩
⑫ 奥尔良岛
⑬ 拜圣保罗
⑭ 库德尔岛
⑮ 里维耶尔－迪卢

尼科莱
Nicolet

皮埃尔维尔
Pierreville

圣纪尧姆
Saint-Guillaume

索雷尔－特朗西
Sorel-Tracy

若列特
Joliette

圣雅克
Saint Jacques

泰勒博恩
Terrebonne